Veronika Pichl

LOW CARB
schnell und einfach

Veronika Pichl

LOW CARB
schnell und einfach

Maximal 5 Zutaten,
maximal 15 Minuten

riva

Mit über
50
Rezepten

Bibliografische Information der Deutschen Nationalbibliothek:
Die Deutsche Nationalbibliothek verzeichnet diese Publikation in der Deutschen Nationalbibliografie.
Detaillierte bibliografische Daten sind im Internet über http://d-nb.de abrufbar.

Für Fragen und Anregungen:
info@rivaverlag.de

Originalausgabe
1. Auflage 2018
© 2018 by riva Verlag, ein Imprint der Münchner Verlagsgruppe GmbH
Nymphenburger Straße 86
D-80636 München
Tel.: 089 651285-0
Fax: 089 652096

Redaktion: Caroline Kazianka
Umschlaggestaltung: Isabella Dorsch
Umschlagabbildungen: Vorderseite: Bild 1: Elena Shashkina/shutterstock.com; Bild 2: Olga Nayashkova/shutterstock.com; Bild 3: Heike Rau/shutterstock.com; Bild 4: Natalia Van Doninck/shutterstock.com; Rückseite: Bild 1: Anna Mente/shutterstock.com; Bild 2: Magdanatka/shutterstock.com; Bild 3: Christopher Breitfuß; Bild 4: Marisa Böckler
Satz: inpunkt[w]o, Haiger (www.inpunktwo.de)
Druck: Florjancic Tisk d.o.o., Slowenien
Printed in the EU

ISBN Print 978-3-7423-0326-4
ISBN E-Book (PDF) 978-3-95971-817-2
ISBN E-Book (EPUB, Mobi) 978-3-95971-816-5

Weitere Informationen zum Verlag finden Sie unter

www.rivaverlag.de

Beachten Sie auch unsere weiteren Verlage unter www.m-vg.de

Inhalt

Schnell, einfach, frisch und auch noch Low Carb genießen?

Einfach besser essen – Lebensgewohnheiten im Wandel

Während sich vor einigen Jahren höchstens Leistungssportler und Fitness-Freaks Gedanken über ihre Ernährung machten, ist das Bedürfnis nach einer gesünderen, frischeren und ausgewogeneren Ernährung heute auch in der Mitte der Gesellschaft angekommen. Früher wurde belächelt, wer auf eine vollwertige Ernährung bestand – heute weiß man, welche Vorteile bewusstere Essgewohnheiten mit sich bringen.

Kein Wunder eigentlich. Schließlich zeigen nicht nur zahllose medizinische Untersuchungen, sondern auch Erfahrungsberichte, Studien und Erfolgsgeschichten, die wir im Internet und den sozialen Medien beobachten können, wie positiv sich gerade der Verzicht auf einfache Kohlenhydrate und industriell stark verarbeitete Lebensmittel auf unseren Körper auswirkt.

In der Konsequenz ist nicht nur das Interesse, sondern auch das Bedürfnis nach frischeren Lebensmitteln und gesunden, selbst zubereiteten Mahlzeiten stark gestiegen. Das ist ein positiver Trend – der leider einen starken, manchmal sogar übermächtigen Gegenspieler hat: die Zeit!

Obwohl sich viele Menschen eine ausgewogene und frischere Ernährung wünschen und viele Ernährungsmythen (wie zum Beispiel der vom »bösen« Fett) mittlerweile endgültig ausgeräumt wurden, fehlt es oft schlicht und einfach an genügend Zeit, um frische und gesunde Mahlzeiten vor- und zuzubereiten. Schließlich ist es im stressigen Alltag gar nicht so einfach, ausgewogen einzukaufen und ein gesundes Abend- oder Mittagessen aus – vielleicht sogar exotischen – frischen Zutaten zu zaubern.

Doch sollen unsere guten Ernährungsvorsätze wirklich daran scheitern, dass wir im Alltag zwischen Beruf und Haushalt eingespannt sind? »Auf gar keinen Fall«, ist die Aussage dieses Buches. Schließlich lassen sich abendliche Hetzereien zum Supermarkt und stundenlanges Kochen und Schnippeln, um etwas Gesundes auf den Tisch zu bringen, ganz einfach vermeiden: Möglich machen das unsere »5 plus 15«-Rezepte.

Mach's dir leicht mit »5 plus 15«

Warum kompliziert, wenn es auch einfach geht?

Klar, gesunde Rezepte aus frischen, farbenfrohen und oft exotischen Zutaten sehen verlockend aus. Oft stecken sie auch voller gesunder Inhaltsstoffe und machen sich zudem auf Fotos gut. Für

den Alltag sind sie meist jedoch weniger gut geeignet. Schließlich möchte sich kaum jemand nach Feierabend noch auf die Suche nach unzähligen ausgefallenen Zutaten machen und diese womöglich in mehreren Supermärkten mühsam zusammensuchen. Und auch stundenlanges Kochen ist im Alltag eher weniger praktikabel – muss aber auch gar nicht sein!

Gesundes Kochen soll nicht kompliziert und zeitaufwendig sein, sondern Spaß machen! Und das gelingt immer dann, wenn eine solide Auswahl an Basics (wie Gewürzen, Essig und Ölen) auf 5 gesunde Hauptzutaten und 15 Minuten Zeit treffen. Denn genau das ist das »5 plus 15«-Geheimnis unserer Rezepte:

5 gesunde Zutaten + 15 Minuten Zeitaufwand = eine leckere, ausgewogene Low-Carb-Mahlzeit!

So einfach ist das!

Low Carb schnell und einfach – warum eigentlich?

Low Carb ist in aller Munde und mittlerweile fast jedem ein Begriff. Trotzdem fällt es oft schwer, das bewährte Ernährungskonzept umzusetzen oder genau zu verstehen, welche Lebensmittel Low-Carb-tauglich sind und welche Vorteile sie uns bringen.

Dabei meint Low Carb nichts anderes als »wenig(er) Kohlenhydrate« und damit eine gezielte Reduzierung der Aufnahme dieses Nährstoffs. Allerdings ist Low Carb nicht gleich No Carb, sodass die täglich aufgenommene Nahrungsenergie noch zu etwa 20 Prozent aus Kohlenhydraten bestehen kann.

Für sportlich aktive Personen, Menschen mit Normal- oder moderatem Übergewicht und Sportler liegt die ideale täglich aufgenommene Kohlenhydratmenge etwa zwischen 25 und 50 Gramm. Bedenkt man, dass eine Untersuchung der Welternährungsorganisation aus dem Jahr 2011 einen täglichen Zuckerkonsum von rund 131 Gramm pro Person und Tag ergab, erkennt man bereits, welche enorme Reduktion der Kohlenhydratzufuhr dieses Konzept darstellt. Schließlich ist Zucker nicht nur die Kohlenhydratbombe schlechthin, sondern stellt auch längst nicht die einzige Kohlenhydratquelle dar, mit der wir unseren Körper täglich belasten.
Besonders viele Kohlenhydrate verstecken sich auch in:

– Süßigkeiten, süßem Obst und Gemüse
– Brot, Backwaren, Nudeln, Chips und anderen Weißmehlprodukten
– süßen Limonaden, Fruchtsäften und gesüßten Getränken
– Fertiglebensmitteln
– Fast Food
– paniertem Fleisch
– Light-Produkten

Dabei muss ein so hoher Kohlenhydratkonsum gar nicht sein!
Zwar sind Kohlenhydrate wichtige Nährstoffe, die unser Körper zur Energiegewinnung nutzt. Sie sind allerdings keine essenziellen Nährstoffe, die wir zwingend über unsere Nahrung aufnehmen müssen. Stattdessen können diese Nährstoffverbindungen ganz einfach auch aus anderen, gesünderen Stoffen (wie Fetten oder Proteinen), die wir über unsere Nahrung zu uns nehmen, hergestellt werden! Das bedeutet: Ernähren wir uns kohlenhydratärmer, indem wir beispielsweise Weißmehlprodukte durch fettreichere Lebensmittel ersetzen, besteht keinerlei Gefahr einer »Kohlenhydratunterversorgung«. Mehr noch: Das Ersetzen von Kohlenhydraten durch protein- und fettreichere Lebensmittel hat sogar eine Menge gesundheitlicher Vorteile!

Weniger Kohlenhydrate, mehr Fitness und Wohlbefinden

Ein durchschnittlicher Deutscher konsumiert etwa 220 Gramm an Kohlenhydraten – und das pro Tag! Dabei zeigen unzählige Untersuchungen, dass übermäßiger Kohlenhydrat- und insbesondere Zuckerkonsum krank und dick machen und dem körperlichen Wohlbefinden abträglich sind.

Unsere schnellen, cleveren und gesunden »5 plus 15«-Rezepte sollen deshalb dabei helfen, eine kohlenhydratreduzierte Ernährung einfach, stressfrei und mit wenigen, aber gesunden Zutaten in den Alltag zu integrieren.

Entscheiden wir uns für eine Reduzierung der täglich aufgenommenen Kohlenhydratmenge, geschehen in unserem Körper insbesondere zwei Dinge:

1. Blutzucker- und Insulinspiegel normalisieren sich – wir haben weniger Heißhunger und beugen Krankheiten wie Diabetes vor.

2. Unser Körper gewinnt »fehlende« Kohlenhydrate aus Fett – dazu bedient er sich bei Nahrungs- und auch Körperfett. Im Ergebnis schmelzen so unschöne Fettpolster!

Doch das ist noch längst nicht alles! Reduzieren wir unsere Kohlenhydrataufnahme und streichen Nudeln, Brot, Chips und Co. weitestgehend von unserem Speiseplan, werden diese Lebensmittel durch andere, fett- und proteinreichere Nahrungsmittel ersetzt. Denn das ist wichtig, um unsere Energiebilanz aufrechtzuerhalten und unserem Körper all das zu geben, was er braucht. Genau aus diesem Grund basieren auch unsere Rezepte auf diesem »Ersetzungsgedanken« und sind reich an Lebensmitteln, die gesunde Fette und Proteine aufweisen.

Und das wiederum führt sogar noch zu weiteren Gesundheitsvorteilen:

Mehr Muskeln, weniger Körperfett
Weniger Kohlenhydrate bedeuten gleichzeitig auch eine erhöhte Proteinzufuhr und ein Mehr an gesunden Fetten. Schließlich sind wir auf Energie angewiesen. Diese soll unser Körper nun jedoch aus Fetten und Eiweiß statt aus Koh-

lenhydraten gewinnen. Praktisch und bemerkenswert ist dabei: Energie wird unser Körper fortan nicht nur aus Nahrungs-, sondern auch aus Körperfett beziehen. Im Ergebnis nehmen wir also ab!

Zusätzlich hilft uns der erhöhte Proteinanteil unserer Nahrung dabei, sportlich aktiver zu sein und Muskeln aufzubauen. Schließlich sind Proteine der Stoff, aus dem Muskeln gemacht sind!

Fitter und gesünder mit Low Carb

Reduzieren wir unsere Kohlenhydrataufnahme, stabilisieren wir unseren Insulinspiegel. Das ist praktisch und beschert uns weniger Heißhunger. Ganz nebenbei führt ein stabilerer Insulinspiegel aber auch zu weniger im Blut nachweisbaren Entzündungsmarkern. Das wiederum macht uns weniger krankheitsanfällig und reduziert oft sogar Schmerzen und Gelenkbeschwerden!

Weniger Kohlenhydrate, mehr Power

Durch Low Carb verändern sich unsere Ernährungsgewohnheiten zum Positiven. Zugegeben, am Anfang kann es mühsam sein, kohlenhydratarme von kohlenhy-dratreichen Lebensmitteln zu unterscheiden – dieses Buch macht den Einstieg durch die Verwendung weniger, gesunder Hauptzutaten jedoch besonders leicht.

Angenehmer Nebeneffekt ist dabei, dass wir wie von selbst auf frischere Lebensmittel umsteigen, die voller wertvoller Mikronährstoffe stecken. Schon nach kurzer Zeit macht sich das mit deutlich mehr Energie und Vitalität bemerkbar. Zusätzlich werden auch unsere Mitochondrien durch einen niedrigeren Insulinspiegel bei der Energieerzeugung unterstützt – so fühlen wir uns gleich doppelt energiegeladen!

»5 plus 15« – die 5 Hauptzutaten

Sich auch am Mittag oder abends nach Feierabend all die Vorteile einer gesunden Low-Carb-Mahlzeit sichern und schnell noch ein leckeres Gericht zaubern? Das klingt erst einmal gut – meistens stehen dem jedoch ein zeitraubender Einkauf und lange Vorbereitungszeiten entgegen.

Schließlich reicht die Zeit im bewegten Alltag meist nur für einen Expresseinkauf und eine schnelle Zubereitung. Oft liegt es darum leider nahe, zu Fertigprodukten oder ungesunden Snacks zu greifen, die den Hunger zwar nicht gesund, dafür aber schnell vertreiben.

Doch das muss ab jetzt nicht mehr sein! Denn mit unserer »5 plus 15«-Methode lassen sich gesunde, frische und kohlenhydratarme Mahlzeiten ganz leicht selbst in den stressigsten Alltag integrieren.

Nach dem Motto »Weniger ist einfach lecker« setzen unsere Rezepte auf maximal fünf frische und gesunde Hauptzutaten, die sich selbst unter Zeitdruck leicht einkaufen lassen. Ergänzt durch ein paar Basics wie Öl, Gewürze oder Essig, die in jedem Haushalt zu finden sind bzw. sich gut im Vorratsschrank aufbewahren lassen. In nur etwa 15 Minuten kann man damit gesunde und überzeugend leckere Mahlzeiten auf den Tisch bringen.

Das geht nicht nur genauso schnell wie der Gang zum Imbiss, sondern sichert auch ganz bequem die Vorteile einer ausgewogenen, kohlenhydratarmen Ernährung. Wetten, dass sich das schon bald nicht nur durch mehr Wohlbefinden, sondern auch auf der Waage bemerkbar macht?

Unsere fünf Hauptzutaten bestehen dabei abwechslungsreich aus viel Gemüse, zuckerarmem Obst, wertvollen Eiweißspendern und leckeren Milchprodukten.

Mit dabei sind besonders oft:

Obst und Gemüse

Gerade dann, wenn es schnell gehen soll, sind Obst und Gemüse eine gute Wahl. Denn einerseits sind weniger exotische Obst- und Gemüsevertreter in jedem Supermarkt erhältlich, andererseits halten sich auch die Gar- und Vorbereitungszeiten in Grenzen.

Besonders praktisch: Auch wer auf eine kohlenhydratreduzierte Ernährung achtet, kann bei Gemüse, Salaten und Kräutern (bis auf wenige Sorten) aus dem Vollen schöpfen und sich eine Extraportion gönnen.

Zuckerarme Obstsorten wie Beeren und Co. belasten den Blutzuckerspiegel nur mäßig – verfeinern aber Desserts und manchmal sogar herzhafte Speisen besonders raffiniert.

Hülsenfrüchte

Obwohl Hülsenfrüchte wie Kichererbsen oder Bohnen einen recht hohen Kohlenhydratanteil aufweisen, können sie in der Low-Carb-Ernährung als ergänzende Zutaten optimal zum Einsatz kommen.

Das liegt zum einen daran, dass sie uns besonders viele wichtige Proteine und Ballaststoffe liefern. Zum anderen belasten sie auch unseren Blutzuckerspiegel nur mäßig und lassen ihn viel weniger in die Höhe schnellen als Speisen, die beispielsweise aus Weißmehl hergestellt werden.

Milchprodukte

Quark, Joghurt und andere Milchprodukte ergänzen eine kohlenhydratreduzierte Ernährung auf ideale Weise.

Denn sie verfügen über einen hohen Gehalt an Eiweiß und wichtigen Mineralstoffen, lassen sich aber auch, süß oder herzhaft, besonders vielseitig zubereiten.
Es sollte allerdings darauf geachtet werden, Milchprodukte mit natürlichem Fettgehalt zu verwenden. Diese machen nicht nur besser satt, sondern weisen meist auch einen geringeren Kohlenhydratanteil auf.

Kerne, Nüsse und Samen

Kerne, Nüsse und Samen ergänzen viele Low-Carb-Gerichte ideal, da sie reich an gesunden Fetten, Mineralstoffen, Spurenelementen und Ballaststoffen sind.

Besonders gut eignen sich die kleinen Powerspender dabei als knackiges Salat-Topping oder sogar als Panade für Fisch oder Fleisch. Aus den kleinen Energiespendern lässt sich auch ganz schnell Nussmilch herstellen, die weniger Kohlenhydrate als Kuhmilch enthält und auch für Vegetarier und Veganer eine gute Alternative ist.

Fisch, Fleisch und Eier

Fisch, Fleisch und Eier sind nicht nur besonders praktisch, wenn es um die Expresszubereitung einer leckeren Mahlzeit geht. Sie sind auch sehr wertvolle Eiweißspender und halten lange satt.

Bemerkenswert ist dabei: Fleisch, Fisch und Eier können uns mit allen lebenswichtigen Aminosäuren – dem Stoff, aus dem unsere Körpersubstanz gemacht ist – versorgen. Ganz nebenbei helfen sie uns außerdem dabei, bei sportlicher Aktivität Muskelmasse aufzubauen und unseren Körper gesund und straff zu erhalten.

Kurze Garzeiten und besonders abwechslungsreiche Zubereitungsmöglichkeiten machen Fisch, Eier und Fleisch zu idealen Zutaten für die schnelle Feierabendküche. Sie sind in jedem Supermarkt zu finden, gut zu lagern, auch gefroren erhältlich und erleichtern uns damit eine schnelle gesunde und abwechslungsreiche Ernährung.

Diese kohlenhydratarmen Hauptzutaten lassen sich zum Beispiel hervorragend auf Vorrat einkaufen:

- Tiefkühlfisch
- Tiefkühlgemüse
- Tiefkühlobst
- Thunfisch
- Dosentomaten
- Kichererbsen und Bohnen aus der Dose
- Kokosmehl
- Käse
- gemahlene Mandeln
- Nüsse
- Chiasamen

Schnelle Low-Carb-Küche – die Basics

Wenn es im Alltag schnell gehen soll, sind ein paar Basics wichtig. Damit sich aus unseren fünf Hauptzutaten in kürzester Zeit leckere und abwechslungsreiche Gerichte zaubern lassen, sollten unbedingt ein paar Grundzutaten zu Hause vorrätig sein. Bei unseren Basics handelt es sich nicht nur um Zutaten, die für mehr Geschmack und Würze sorgen, sondern auch solche, die sich leicht lagern lassen und lange haltbar sind.

Ist ein gut sortierter Vorrat erst einmal vorhanden, können wir uns beim Einkaufen auf das Wesentliche konzentrieren und so jede Menge Zeit sparen.

Zu unseren Basics gehören:

Gewürze
- Salz
- Pfeffer
- Kümmel
- Muskat
- edelsüßes und scharfes Paprikapulver
- Curry
- Chilipulver
- Zimt
- Pfefferkörner
- Wacholderbeeren

Kräuter
(getrocknet im Gewürzregal, als TK-Kräuter oder je nach Möglichkeit frisch im Topf oder Garten)

- Petersilie
- Basilikum
- Oregano
- Salbei
- Thymian
- Rosmarin
- italienische Kräuter

Fette und Öle
- Butter
- Oliven- oder Rapsöl
- Kokosöl

Würzmittel
- Sojasoße
- Senf
- Tomatenmark
- Balsamico-Essig
- Weißweinessig
- Zitronensaft
- Limettensaft
- Knoblauch
- Ingwer

Low-Carb-Süßungsmittel
- Xylit
- Erythrit

Low-Carb-Bindemittel
- Johannisbrotkernmehl oder Guarkernmehl

Sonstiges
- Kakaopulver (ohne Zucker, entölt)

Für eine kohlenhydratreduzierte Ernährung nicht geeignet sind hingegen fertige Soßen oder Dressings. Zwar erleichtern uns diese auch die Zubereitung einer leckeren Mahlzeit, kohlenhydratarm sind sie jedoch meist nicht! Vielmehr enthalten oft sogar pikante Soßen und Dressings große Mengen an Zucker – und außerdem besonders viele Konservierungsstoffe und Zusätze.

Low Carb leicht gemacht – die besten Tipps

Zugegeben: Wer sich dafür entscheidet, auf Low Carb umzusteigen, hat es gerade am Anfang schwer, auf Weißbrot, Reis, Nudeln, Kuchen oder Kekse zu verzichten. Schließlich sind wir an die schnelle Energielieferung dieser Lebensmittel gewöhnt und auch unterwegs lassen sie sich besonders leicht »snacken«.

Vermeiden wir jedoch diese Lebensmittel, können wir unseren Körper dazu bringen, Energie aus gespeichertem Körperfett zu verwerten. Im Ergebnis werden wir so nicht nur schlanker, sondern auch gesünder und fitter.

Selbstverständlich lässt sich dieser Effekt durch zusätzliche körperliche Aktivität noch verstärken. Und stellen sich erst einmal sichtbare Erfolge ein, sind wir gleich viel motivierter und es fällt uns leichter, mit Low Carb durchzuhalten.

Aber auch dann, wenn es mit der Motivation einmal hapert, wir unterwegs in Versuchung geraten oder uns einen leckeren Schokoriegel herbeisehnen, können uns diese wertvollen Low-Carb-Tipps weiterhelfen:

1. Dunkel gewinnt

Wer auf sein Frühstücksbrot nicht verzichten möchte, wählt am besten dunkles Vollkornbrot. Während es Weißbrot und Brötchen auf etwa 50 Gramm Kohlenhydrate pro 100 Gramm bringen, liegt der Kohlenhydratanteil bei Vollkornbrot nur bei etwa 35 Gramm. Die bessere Low-Carb-Alternative ist natürlich Eiweißbrot mit geringem Kohlenhydratanteil.

2. Etwas andere Milch

Ungesüßte Mandelmilch ist nicht nur lecker, sondern bringt im Vergleich zu normaler Milch pro 200-ml-Portion auch eine Einsparung von 10 Gramm Kohlenhydraten.

3. Lust auf Frucht?

Süßer Fruchtsaft enthält durch Frucht-zucker und Zuckerzusatz besonders viele Kohlenhydrate. Wer Lust auf Frucht hat, isst darum besser frische Beeren, anstatt zu einem Saft zu greifen.

4. Manchmal muss es Reis sein

Reis enthält viele Kohlenhydrate – lässt sich aber leicht ersetzen! Dazu einfach 250 Gramm Blumenkohl in der Küchen-maschine zu Reiskorngröße zerkleinern und zugedeckt 3–5 Minuten in der Mikro-welle garen (alternativ 5–10 Minuten in kochendem Salzwasser weich kochen).

5. Pasta satt?

Es müssen nicht immer Nudeln sein! Wer beispielsweise in der Kantine isst, gibt die leckere Pastasoße einfach über eine große Portion Gemüse. Das macht satt, schmeckt mindestens genauso gut und vertreibt die Pastalust. Zu Hause kann man sich auch ganz einfach mit einem Spiralschneider oder Sparschäler Ge-müsenudeln zubereiten, zum Beispiel Zoodles aus Zucchini.

6. »Böse« Soße

Barbecuesoße, Ketchup oder Salat-Dressings enthalten sehr oft Zuckerzu-sätze und sind echte Kohlenhydratbom-ben. Kohlenhydratarm und lecker lassen sich Salat, Fleisch und Co. dagegen mit Senf, Zitronensaft, aromatischem Essig oder Kräutern verfeinern.

7. Two in one

Gemüse wie Zucchini oder Paprika las-sen sich gut füllen. Gleichzeitig ersetzt das Gemüse die Kartoffel- oder Reis-beilage.

8. Hunger zwischendurch

Hart gekochte Eier lassen sich besonders gut für unterwegs mitnehmen, sie
machen satt und vertreiben den Hunger zwischendurch mit weniger als einem Gramm Kohlenhydrate pro Ei.

9. Gut vorbereitet

Wer schon am Vorabend in Ruhe eine
Einkaufsliste schreibt, vermeidet nicht
nur Stress, sondern auch ungesunde
Spontankäufe.

10. Heißhunger auf Herzhaftes?

Anstatt zu Chips oder Brezeln zu greifen,
lässt sich der Heißhunger auf einen herz-
haften Snack oft auch mit einem Becher
selbst gemachter frischer Bouillon vertreiben.

11. Alles Käse

Statt vor dem Fernseher Kartoffelchips
zu knabbern, einfach etwas Käse na-
schen. In Würfelchen geschnitten oder
im Backofen zu Chips gebacken, besiegt
Käse die Lust auf ungesunde Knabberei-
en. Aber Achtung: Nicht übertreiben!
Käse enthält nämlich viele Kalorien!

12. Trinken nicht vergessen

Manchmal haben wir Lust, etwas zu essen, aber eigentlich gar keinen Hunger.
Warum dann nicht einfach etwas mit
Ingwer oder Zitrone aromatisiertes Wasser trinken? Das vertreibt den Appetit
genauso gut!

Sind Sie nun bereit für die schnelle Low-
Carb-Küche? Dann kann es losgehen!
Ich zeige Ihnen mit vielen praxiserprob-
ten Rezepten, wie Sie mit nur 5 Hauptzutaten in 15 Minuten leckere Gerichte
zusammenstellen können.

Übrigens: Bei jedem Rezept finden Sie
detaillierte Nährwertangaben:

- kcal steht für Kilokalorien
- KH steht für Kohlenhydrate
- P steht für Protein (Eiweiß)
- F steht für Fett

SUPPEN UND SALATE

Brokkoli-Garnelen-Suppe

Für 2 Portionen
Pro Portion: 366 kcal / 8,3 g KH / 3 g F / 29,7 g P
glutenfrei

230 g Brokkoli
225 g Garnelen (küchenfertig)
1 Schalotte (oder 1 kleine Zwiebel)
190 g Sauerrahm

250 ml Gemüsebrühe (bzw. 250 ml Wasser und entsprechend
   Gemüsebrühepulver)
2 Knoblauchzehen (optional)
1 TL Zitronensaft
1 ½ EL Öl
Salz, Pfeffer

1. Brokkoli waschen, in kleinere Röschen schneiden, dann sind sie schneller gar. Zusammen mit der Gemüsebrühe in einen Topf geben und aufkochen, Hitze reduzieren und 5–8 Minuten köcheln lassen.
2. Währenddessen Garnelen abspülen und mit Küchenpapier trocken tupfen.
3. Die Knoblauchzehen schälen und fein hacken.
4. In einer Schüssel die Garnelen, die Hälfte des gehackten Knoblauchs, Zitronensaft und 1 EL Öl vermengen, mit Salz und Pfeffer würzen.
5. Schalotte schälen, in feine Würfel schneiden und zusammen mit den Garnelen in einer Pfanne mit ½ EL Öl kurz anbraten.
6. Den restlichen, gehackten Knoblauch zusammen mit dem Sauerrahm zum Brokkoli in den Topf geben und alles fein pürieren.
7. Schalotten und Garnelen unter die Suppe rühren (evtl. einige Garnelen zum Servieren beiseitelegen). Mit Salz und Pfeffer abschmecken.

Tomaten-Mozzarella-Suppe

Für 2 Portionen
Pro Portion: 247 kcal / 7,5 g KH / 16,6 g F / 14,5 g P
vegetarisch/glutenfrei

1 Zwiebel
1 Dose geschälte Tomaten (ca. 400 g)
1 Kugel Mozzarella (ca. 125 g)

1 EL Öl, z. B. Olivenöl
500 ml Gemüse- oder Rinderbrühe (bzw. 500 ml Wasser und entsprechend
  Gemüsebrühepulver)
1 TL Tomatenmark
1 TL getrocknetes Basilikum (bzw. 1 EL frisches Basilikum, gehackt)
Salz, Pfeffer

1. Zwiebel abziehen und in kleine Würfel schneiden.
2. Olivenöl in einen Topf geben und Zwiebelwürfel darin kurz anbraten.
3. Geschälte Tomaten, Brühe, Tomatenmark und Basilikum hinzufügen und auf mittlerer Stufe ca. 10 Minuten köcheln lassen.
4. Währenddessen den Mozzarella abtropfen lassen und in kleine Würfel schneiden.
5. Nach 10 Minuten Kochzeit die Suppe vom Herd nehmen und pürieren, mit Salz und Pfeffer abschmecken.
6. Die Mozzarellawürfel vor dem Servieren auf die noch heiße Suppe geben.

Tipp:
Mit frischem Basilikum servieren.

Zucchinisalat mit Schafskäse, Oliven und Pinienkernen

Für 2 Portionen
Pro Portion: 598 kcal / 16,5 g KH / 49,2 g F / 17,5 g P
vegetarisch/glutenfrei

2 Zucchini
100 g Schafskäse
6 getrocknete Tomaten
80 g schwarze Oliven, entsteint
40 g Pinienkerne

3 Stängel Petersilie (oder 1 TL TK-Petersilie
   bzw. ½ TL getrocknete Petersilie)
4 EL Öl, z. B. Olivenöl
3 EL Zitronensaft

1. Zucchini putzen, waschen, mit einem Sparschäler in dünne Streifen schneiden und in eine Schüssel geben.
2. Schafskäse in kleine Würfel schneiden und zu den Zucchinistreifen geben.
3. Getrocknete Tomaten klein hacken und zusammen mit den Oliven in die Schüssel geben.
4. Pinienkerne in einer Pfanne ohne Öl bei mittlerer Hitze rösten, bis sie leicht braun sind.
5. Petersilie waschen, klein hacken und zusammen mit dem Öl und Zitronensaft vermischen bzw. in einem Dressingshaker schütteln.
6. Dressing über den Salat geben und alle gut vermischen.
7. Geröstete Pinienkerne über den Salat streuen.

Avocado-Garnelen-Salat

Für 2 Portionen
Pro Portion: 688 kcal / 3,9 g KH / 66,7 g F / 17,9 g P
glutenfrei

2 reife Avocados
180 g gekochte Garnelen, verzehrfertig
5 Kirschtomaten

3 Stängel Petersilie (oder 1 TL TK-Petersilie bzw. ½ TL getrocknete Petersilie)
2 EL Limettensaft (oder Zitronensaft)
2 ½ EL Öl, z. B. Olivenöl
Salz, Cayennepfeffer

1. Avocados halbieren, entkernen und einen Teil des Fruchtfleisches mit einem Löffel herausnehmen.
2. Fruchtfleisch in kleine Würfel schneiden und in eine Schüssel geben.
3. Garnelen hinzufügen.
4. Tomaten waschen, in kleine Stücke schneiden und in die Schüssel geben.
5. Petersilie waschen, trocken schütteln und klein hacken.
6. Limettensaft, Öl, Salz, Cayennepfeffer und gehackte Petersilie vermischen und über den Salat geben. Nochmal gut durchrühren.
7. Den Salat in die Avocadohälften füllen und servieren.

Tipp:
Mit frischem Basilikum servieren.

Hähnchen-Curry-Suppe

Für 2 Portionen
Pro Portion: 293 kcal / 9,2 g KH / 13,6 g F / 37,2 g P
glutenfrei

200 g Hähnchenbrustfilet
1 Zwiebel
1 Karotte
200 ml Kokosmilch light

1 EL Öl
1 EL Currypulver
1 EL Zitronensaft
400 ml Gemüsebrühe (bzw. 400 ml Wasser und entsprechend Gemüsebrühepulver)
1 TL milde Currypaste (alternativ noch etwas mehr Currypulver hinzufügen)

1. Hähnchenbrustfilet waschen, trocken tupfen und in feine Streifen schneiden.
2. Zwiebel abziehen und hacken.
3. Karotte putzen, schälen, der Länge nach halbieren und die beiden Hälften quer in feine Scheiben schneiden.
4. Öl in einen Topf geben und Fleisch, Zwiebel und Karotte darin scharf anbraten.
5. Currypulver darüberstreuen und Kokosmilch, Zitronensaft, Gemüsebrühe und milde Currypaste hinzufügen.
6. Suppe bei mittlerer Hitze ca. 8–10 Minuten köcheln lassen.

Tipps:
Je feiner die Hähnchenbrustfiletstreifen geschnitten sind, desto schneller ist die Suppe servierfertig.
Mit frisch gehacktem Koriander oder Petersilie servieren.
Wer es schärfer möchte, nimmt scharfe Currypaste und würzt mit etwas Chilipulver.

Kohlrabi-Karotten-Rohkostsalat

Für 2 Portionen
Pro Portion: 401 kcal / 16,7 g KH / 27,5 g F / 13,8 g P
vegetarisch/glutenfrei

50 g Erdnüsse, frisch (oder bereits geröstet und gesalzen)
1 Kohlrabi (ca. 300 g)
1–2 Karotten (ca. 200 g)
100 g Sauerrahm

2 EL Essig
1 Msp. Süßungsmittel, z. B. Xylit
Kräutersalz, Pfeffer

1. Erdnüsse in einer Pfanne ohne Öl bei mittlerer Hitze rösten, bis sie leicht braun sind.
2. Kohlrabi und Karotten putzen, schälen, fein raspeln und in eine Schüssel füllen.
3. Sauerrahm, Essig, Süßungsmittel, Kräutersalz und Pfeffer zu einem Dressing vermischen.
4. Erdnüsse und Dressing zum Salat geben und alles gut durchmischen.

Tipp:
Mit frischer
Minze servieren.

GEMÜSEPFANNEN, -PANCAKES, -CRISPS

Curry-Kokos-Pfanne

Für 1 Portion
Pro Portion: 432 kcal / 14,3 g KH / 26,6 g F / 31,1 g P
glutenfrei

160 g rote Paprika
100 g grüne Paprika
200 g Zucchini
250 g Hähnchenbrustfilets
160 ml Kokosmilch

1 EL Öl
5 g Ingwer (oder etwas Ingwerpulver, optional)
1 TL gelbe Currypaste (oder 1 EL Currypulver)
Salz, Pfeffer

1. Paprika und Zucchini putzen, waschen und in Würfel schneiden.
2. Hähnchenbrustfilets in Streifen schneiden.
3. Öl in einer Pfanne erhitzen, Gemüse und Fleisch darin anbraten.
4. Ingwer schälen, fein hacken, zusammen mit der Kokosmilch und der Currypaste in die Pfanne geben. Ca. 10 Minuten am besten mit geschlossenem Deckel fertig köcheln lassen.
5. Mit Salz und Pfeffer abschmecken.

Tipp:
Mit frischer Petersilie servieren.

Gebackener Curryblumenkohl

Für 2 Portionen
Pro Portion: 637 kcal / 12,2 g KH / 50,6 g F / 22,1 g P
vegan/glutenfrei

1 mittelgroßer Blumenkohl
125 g Mandelmus

3 TL Currypulver
3 EL Öl, z. B. Olivenöl
1 EL Zitronensaft
4 EL Wasser
Salz
frische Kräuter (optional)

1. Ofen auf 190 °C Umluft vorheizen.
2. Blumenkohl putzen, in kleine Röschen teilen bzw. schneiden und in eine Schüssel geben.
3. Mandelmus, Currypulver, Öl, Zitronensaft und Wasser in einer Küchenmaschine zu einer glatten Soße vermengen. Bei Bedarf noch etwas mehr Wasser zufügen.
4. Soße über die Blumenkohlröschen geben und gut verteilen, bis alles mit der Soße benetzt ist.
5. Backblech mit Backpapier auslegen. Blumenkohlröschen darauf verteilen und im Ofen auf mittlerer Schiene etwa 10–12 Minuten hellbraun rösten. Nach der Hälfte der Backzeit einmal wenden.
6. Gerösteten Blumenkohl salzen und nach Belieben mit frischen Kräutern bestreut servieren.

Tipp:
Mit frisch gehacktem Koriander servieren.

Weiße-Bohnen-Räuchertofu-Pfanne

Für 2 Portionen
Pro Portion: 424 kcal / 28,2 g KH / 17,9 g F / 30 g P
vegan/glutenfrei

1 rote Paprika
200 g Räuchertofu
1 rote Zwiebel
1 Dose weiße Bohnen (ca. 250 g Abtropfgewicht)

60 g Tomatenmark
80 ml Wasser
1 EL Öl, z. B. Olivenöl
½ TL Kurkuma
Salz, Pfeffer

1. Paprika waschen, putzen und in grobe Stücke schneiden.
2. Paprika mit Tomatenmark und Wasser in einen Mixer geben und zu einer glatten Soße pürieren.
3. Räuchertofu in Würfel schneiden.
4. Zwiebel abziehen und fein hacken.
5. Öl in einer Pfanne auf mittlerer Stufe erhitzen. Räuchertofu darin etwa 4 Minuten von allen Seiten goldbraun anbraten.
6. Zwiebel und Kurkuma dazugeben und weitere 2 Minuten braten.
7. Weiße Bohnen in ein Sieb abgießen und mit Wasser abspülen.
8. Bohnen mit Paprika-Tomaten-Soße in die Pfanne geben und 3–5 Minuten anbraten, bis die Flüssigkeit größtenteils verdampft ist. Mit Salz und Pfeffer abschmecken.

Tipp:
Mit frisch gehacktem Basilikum servieren.

Deftige Zucchini-Pancakes mit Joghurt-Dip

Für 2 Portionen
Pro Portion: 439 kcal / 20,4 g KH / 20,7 g F / 41,5 g P
vegetarisch/glutenfrei

300 g Zucchini
½ Zwiebel
1 Ei
20 g Parmesan, gerieben
250 g griechischer Joghurt

1 Msp. Johannisbrotkern- oder Guarkernmehl (zur besseren Bindung,
  ersatzweise etwas mehr geriebenen Parmesan verwenden)
½ TL getrocknetes Basilikum
½ TL getrocknete Petersilie
Salz, Peffer
1 EL Öl
1 TL Zitronensaft

1. Zucchini waschen, putzen, fein raspeln und das Wasser ausdrücken (z. B. mit einem Küchentuch oder einem Nussmilchbeutel).

2. Zwiebel abziehen und fein hacken.

3. Ei in einer Schüssel kurz aufschlagen.

4. Zucchiniraspel (1 EL geraspelte Zucchini für den Dip beiseitelegen), Zwiebel-würfel, Parmesan, Johannisbrotkernmehl sowie Basilikum und Petersilie zum Ei geben und alles gut vermischen. Mit Salz und Pfeffer würzen.

5. Öl in einer Pfanne erhitzen. Hände befeuchten und aus der Masse kleine Kugeln formen. In die Pfanne setzen, mit einem Löffel leicht andrücken und ausstreichen. Die Zucchini-Pancakes wenden, sobald die untere Seite goldbraun ist.

6. Währenddessen Joghurt, restliche Zucchiniraspel und Zitronensaft vermischen. Mit Salz und Pfeffer abschmecken.

7. Joghurt-Dip zu den Zucchini-Pancakes servieren.

Tipp:
Zu den deftigen Pancakes schmeckt auch ein leckerer Quark-Dip!

Gebratener Blumenkohl mit Tomatensoße

Für 2 Portionen
Pro Portion: 203 kcal / 16,7 g KH / 7,7 g F / 10,4 g P
vegan/glutenfrei

1 Blumenkohl (ca. 600 g)
1 Zwiebel
1 Dose stückige oder geschälte Tomaten (ca. 400 g)

Salz
1 EL Tomatenmark
1 EL Essig
Pfeffer
1 Msp. Süßungsmittel, z. B. Xylit (optional)
1 EL Öl (oder Butter)

1. Wasser in einem Topf zum Kochen bringen, 1 Prise Salz hinzufügen.
2. Blumenkohl waschen und in Röschen teilen, evtl. nochmals kleiner schneiden. Im kochenden Wasser 5–7 Minuten bissfest garen.
3. In der Zwischenzeit die Zwiebel abziehen und hacken.
4. Tomaten, Zwiebel, Tomatenmark, Essig, Salz, Pfeffer, Süßungsmittel in einen Topf füllen und ca. 8 Minuten köcheln lassen. Die Tomatensoße dann pürieren und evtl. noch mal abschmecken.
5. Blumenkohl durch ein Sieb absseihen und kurz abtropfen lassen.
6. Öl in eine Pfanne geben und den Blumenkohl darin scharf anbraten.
7. Gebratenen Blumenkohl mit Tomatensoße servieren.

Tipp:
Mit frischer Petersilie servieren.

Avocado-Crisps

Für 2 Portionen
Pro Portion: 574 kcal / 6,5 g KH / 50,2 g F / 18,9 g P
vegetarisch/glutenfrei

2 Avocados
50 g Parmesan
1 EL Mandelmehl
1 Ei

Salz, Pfeffer
2 EL Öl

1. Avocados halbieren, entkernen, Fruchtfleisch mit einem Löffel aus der Schale lösen und in Schnitze schneiden.
2. Parmesan raspeln und mit dem Mandelmehl vermischen.
3. Ei in einer Schüssel verquirlen.
4. Die Avocadostücke salzen und pfeffern, erst in das verquirlte Ei tunken und dann im Parmesan-Mandelmehl-Mix wälzen.
5. Öl in der Pfanne erhitzen und die Avocado-Crisps darin unter ständigem Wenden scharf von beiden Seiten anbraten.

Tipp:
Alternativ kann man die Avocado-Crisps auch im Ofen bei 180 °C Umluft 10–12 Minuten backen.

MIT FLEISCH UND WURST

Bifteki

Für 4 Portionen
Pro Portion: 418 kcal / 1,4 g KH / 29,8 g F / 67,7 g P
glutenfrei

....

500 g Hackfleisch
2 Eier
150 g Feta

3 Stängel frische Petersilie (oder 1 TL TK-Petersilie bzw.
  ½ TL getrocknete Petersilie)
Salz, Pfeffer
1-2 EL Öl

....

1. Petersilie waschen, trocken schütteln und fein
   hacken.
2. Hackfleisch, Eier und Petersilie in einer Schüssel
   gut vermischen.
3. Mit Salz und Pfeffer würzen.
4. Feta an der kurzen Seite in ca. 1 ½ cm dicke Streifen schneiden.
5. Die Fetastreifen jeweils mit Hackfleisch ummanteln.
6. Öl in einer Pfanne erhitzen und Bifteki von allen Seiten scharf anbraten und
   danach bei mittlerer Stufe etwa 5–8 Minuten durchbraten.

Tipp:
Man kann die Bifteki-Röllchen als perfekten Partysnack oder zum Dippen auch auf
Holzspieße stecken. Dazu passt zum Beispiel aufgeschnittenes Gemüse wie Toma-
te oder Gurke sowie ein Salat oder ein Quark- oder Tomaten-Dip.

Schnelles Rahmgeschnetzeltes

Für 2 Portionen
Pro Portion: 519 kcal / 7,5 g KH / 38,5 g F / 34,5 g P
glutenfrei

1 Zwiebel
300 g Champignons
250 g Putengeschnetzeltes (oder Schweinegeschnetzeltes)
200 ml Sahne

1 EL Öl, z. B. Olivenöl
150 ml Wasser
½ TL Gemüsebrühepulver
Salz, Pfeffer

1. Zwiebel abziehen und hacken.
2. Champignons putzen und vierteln oder in Scheiben schneiden.
3. Öl in eine Pfanne geben, Zwiebel, Fleisch (evtl. noch etwas kleiner zuschneiden, da es dadurch schneller gart) und Champignons darin scharf anbraten.
4. Mit Sahne und Wasser ablöschen.
5. Gemüsebrühepulver, Salz und Pfeffer hinzufügen und 10 Minuten köcheln lassen. Falls die Soße zu dick wird, noch etwas Wasser hinzufügen.

Tipp:
Mit frischer Petersilie garnieren.

Rindersteak auf Salatbett

Für 2 Portionen
Pro Portion: 296 kcal / 10,7 g KH / 11,1 g F / 30,1 g P
glutenfrei

250 g Feldsalat
2 rote Zwiebeln
8-10 Cherrytomaten
250 g Minutensteaks vom Rind (oder Schwein)

2 EL dunkler Balsamico-Essig
2 EL Öl
1 EL Wasser
Salz, Pfeffer

1. Salat waschen, verlesen und trocken schleudern.
2. Zwiebeln abziehen, 1 Zwiebel in Ringe schneiden, die andere für das Dressing hacken.
3. Cherrytomaten waschen, abtrocknen und halbieren.
4. Essig, 1 EL Öl, Wasser, gehackte Zwiebeln, Salz und Pfeffer in einer Schüssel zu einem Dressing vermischen.
5. Steaks abwaschen, mit Küchenpapier trocken tupfen und mit Salz und Pfeffer würzen.
6. 1 EL Öl in eine (Grill-)Pfanne geben und die Steaks darin scharf anbraten.
7. Salatbett aus Feldsalat, Cherrytomaten und Zwiebelringen legen, das Dressing darübergießen und die gebratenen Steaks dazu servieren.

Tipp:
Mit frischen Kräutern bestreuen.

Hackbällchen in fruchtiger Tomatensoße

Für 2 Portionen
Pro Portion: 465 kcal / 9,9 g KH / 62,4 g F / 34,1 g P
glutenfrei

1 Zwiebel
300 g Hackfleisch (Rind, Schwein)
1 Ei
400 g stückige Tomaten

½ Bund frische Petersilie (oder 2 EL TK-Petersilie bzw. 1 EL getrocknete Petersilie)
1 TL Senf
1 EL Tomatenmark
Salz, Pfeffer
1 EL Öl
1 TL Gemüsebrühepulver

1. Zwiebel abziehen und hacken.
2. Petersilie waschen, trocken schütteln und hacken.
3. Die Hälfte der gehackten Zwiebel, 1 EL gehackte Petersilie mit Hackfleisch, Ei, Senf, Tomatenmark und Salz und Pfeffer in einer Schüssel gut verkneten und aus der Masse kleine Bällchen formen. (Je kleiner die Bällchen, desto schneller sind sie gar.)
4. Öl in einer Pfanne erhitzen und die Bällchen darin rundherum anbraten.
5. Tomaten, die restliche gehackte Zwiebel, die Hälfte der restlichen Petersilie und das Gemüsebrühepulver in die Pfanne geben und am besten mit aufgesetztem Deckel 6–8 Minuten köcheln lassen. Mit Salz und Pfeffer abschmecken.
6. Mit der übrig gebliebenen Petersilie garnieren.

Grüner Spargel im Bacon-Mantel
mit Mayonnaise

Für 2 Portionen
Pro Portion: 803 kcal / 3,3 g KH / 83,5 g F / 8,9 g P
glutenfrei

500 g grüner Spargel aus dem Glas
50 g Bauchspeck in sehr dünnen Scheiben
1 Ei

1 EL Butter (oder Öl)
150 ml Öl, z. B. Sonnenblumenöl
1 TL mittelscharfer Senf
1 TL Zitronensaft (oder Essig)
Salz, Pfeffer

1. Spargel aus dem Glas nehmen und abtropfen lassen.
2. Spargel in die Bauchspeckscheiben einwickeln.
3. Butter in eine Pfanne geben und erhitzen. Den Spargel mit Bacon-Mantel in der heißen Butter von allen Seiten gut anbraten.
4. Für die Mayonnaise Ei, Öl, Senf, Zitronensaft in ein hohes, schmales Rührgefäß füllen.
5. Einen Pürierstab/Zauberstab in das Rührgefäß geben, bis er auf dem Boden aufliegt.
6. Jetzt einschalten und verrühren. Wenn unten ein helles Gemisch zu sehen ist, langsam den Pürierstab nach oben ziehen, bis sich alles gut vermischt.
7. Mayonnaise mit Salz und Pfeffer abschmecken und zu den Spargelpäckchen servieren.

Gefüllte Schinkenröllchen

Für 2 Portionen
Pro Portion: 295 kcal / 9,8 g KH / 18,3 g F / 21,9 g P
glutenfrei

1 rote Paprika
100 g Frischkäse
100 g Magerquark
200 g gekochter Schinken in Scheiben

5 Stängel frischer Schnittlauch (oder 1 TL TK-Schnittlauch bzw.
  ½ TL getrockneter Schnittlauch)
Salz, Pfeffer
Paprikapulver (optional)

1. Paprika waschen, putzen und eine Paprikahälfte in kleine Würfel schneiden, die andere Hälfte in Streifen.
2. Schnittlauch waschen und in kleine Röllchen schneiden.
3. Frischkäse und Magerquark in einer Schüssel verrühren.
4. Paprikawürfel und Schnittlauchröllchen untermischen. Mit Salz, Pfeffer und nach Belieben etwas Paprikapulver abschmecken.
5. Die Schinkenscheiben jeweils mit der Masse bestreichen und einrollen.
6. Dazu rohe Paprikastreifen knabbern.

Tipp:
Wenn man frischen Schnittlauch zur Hand hat, kann man die Schinkenröllchen auch damit umwickeln. Sehr dekorativ auf einer Servierplatte zusammen mit frischen Gemüsesticks.

Bunter Hack-Salat-Wrap

Für 2 Portionen
Pro Portion: 575 kcal / 5,2 g KH / 44,4 g F / 36,3 g P
glutenfrei

300 g Hackfleisch (Rind, Schwein)
4–8 Salatblätter zum Befüllen, z. B. Romana,
   Eisbergsalat, Kopfsalat
¼ Gurke
1 Avocado
10 Cherrytomaten

1 EL Öl
Salz, Pfeffer
1 EL Zitronensaft

1. ½ EL Öl in einer Pfanne erhitzen und Hackfleisch darin krümelig braten und mit Salz und Pfeffer würzen.
2. Währenddessen Salatblätter waschen und trocken schütteln.
3. Gurke waschen, abtrocknen, der Länge nach halbieren und dann quer in Scheiben schneiden.
4. Avocado halbieren, entkernen, Fruchtfleisch mit einem Löffel aus der Schale lösen und in Stücke schneiden.
5. Cherrytomaten waschen und halbieren.
6. Sobald das Hackfleisch durchgebraten ist, den Herd ausstellen, ½ EL Öl, Zitronensaft, Gurke, Avocado und Tomaten in die Pfanne geben und vermischen. Noch kurz die Restwärme zum Erhitzen der Zutaten nutzen.
7. Hackfleischmasse auf die Salatblätter verteilen und servieren.

Tipp:
Mit frisch gehackter Petersilie servieren.

MIT FISCH UND GARNELEN

Tomaten mit Thunfischfüllung

Für 2 Portionen
Pro Portion: 223 kcal / 7,5 g KH / 4,3 g F / 37,6 g P
glutenfrei

1 Dose Thunfisch im eigenen Saft (ca. 150 g)
4 große Tomaten
150 g Frischkäse

Salz, Pfeffer
1 EL Zitronensaft

1. Thunfisch kurz abtropfen lassen.
2. Tomaten waschen, abtrocknen, den oberen Teil abschneiden und den Hauptteil der Tomate aushöhlen.
3. Thunfisch mit der Gabel in einer Schüssel auflockern.
4. Frischkäse, Salz, Pfeffer sowie Zitronensaft hinzufügen und pürieren.
5. Die Frischkäse-Thunfisch-Masse in die Tomaten füllen und die Deckel wieder auflegen.

Tipp:
Mit frischem Rosmarin oder Petersilie garnieren.

Lachsfilet mit Avocado-Erbsen-Püree

Für 2 Portionen
Pro Portion: 609 kcal / 8,1 g KH / 43,8 g F / 32,5 g P
glutenfrei

2 Lachsfilets (ca. 250 g)
200 g TK-Erbsen
1 Avocado

1 EL Öl, z. B. Oliven- oder Kokosöl
Salz
1 Knoblauchzehe
500 ml Gemüsebrühe (bzw. 500 ml Wasser und entsprechend Gemüsebrühepulver)
1 TL Zitronensaft
Pfeffer

1. Lachsfilets abwaschen und mit Küchenpapier trocken tupfen.
2. Öl in einer Pfanne erhitzen und Lachsfilets von beiden Seiten scharf anbraten und dann noch ca. 8–10 Minuten bei mittlerer Hitze durchgaren.
3. Währenddessen Erbsen 5 Minuten in der Gemüsebrühe kochen und danach in einem Sieb abtropfen lassen. Eventuell noch ein paar Erbsen zum Servieren beiseitelegen.
4. Avocado halbieren, entkernen, Fruchtfleisch mit einem Löffel aus der Schale lösen und in Stücke schneiden.
5. Knoblauchzehe schälen und pressen.
6. Avocado, Erbsen, Knoblauch und Zitronensaft mixen. Mit Salz und Pfeffer abschmecken.
7. Die Lachsfilets und das Püree auf 2 Teller verteilen, evtl. mit ein paar gekochten Erbsen garnieren und servieren.

Tipp:
Mit frischer Minze servieren.

Lachs mit Zucchininudeln und Sahnesoße

Für 2 Portionen
Pro Portion: 520 kcal / 4,9 g KH / 42,4 g F / 28,6 g P
glutenfrei

2 Lachsfilets (ca. 250 g)
100 ml Sahne
1 mittelgroße Zucchini

4 Zweige frischer Thymian (oder 1 TL TK-Thymian
  bzw. ½ TL getrockneter Thymian)
1 EL Öl, z. B. Olivenöl
50 ml Wasser
1 EL Zitronensaft
½ TL Gemüsebrühepulver
Salz, Pfeffer

1. Lachs waschen und mit Küchenpapier trocken tupfen.
2. Thymian waschen und trocken schütteln.
3. Öl und Thymian in eine Pfanne geben und Lachs erst von beiden Seiten scharf anbraten, danach bei mittlerer Hitze 8–10 Minuten durchgaren lassen.
4. Währenddessen Sahne, Wasser, Zitronensaft, Gemüsebrühepulver, Salz, Pfeffer in einen Topf füllen und kurz aufkochen lassen. Dann bei mittlerer Hitze ca. 5 Minuten köcheln lassen. Falls die Sahnesoße zu dickflüssig wird, noch etwas Wasser nachgießen.
5. Zucchini waschen, putzen und mit einem Spiralschneider in Nudelform schneiden.
6. Zucchininudeln in die Sahnesoße einrühren und 3–4 Minuten köcheln lassen (je nachdem, wie bissfest oder weich man die Zucchininudeln möchte). Mit Salz und Pfeffer abschmecken.
7. Zucchininudeln mit Sahnesoße und Lachsfilets auf 2 Teller verteilen und servieren.

Shrimp-Salat-Wrap

Für 2 Portionen
Pro Portion: 363 kcal / 5,2 g KH / 25,5 g F / 23,7 g P
glutenfrei

4–8 Salatblätter zum Befüllen, z. B. Romana, Eisbergsalat, Kopfsalat
½ Gurke
200 g Sauerrahm (oder Schmand)
250 g gekochte Shrimps, verzehrfertig

1 EL Mayonnaise (optional)
1 EL Zitronensaft
Salz, Pfeffer

1. Salatblätter waschen und trocken tupfen.
2. Gurke waschen, abtrocknen, schälen und in kleine Würfel schneiden.
3. Sauerrahm, Mayonnaise (optional), Zitronensaft, Salz und Pfeffer in einer Schüssel verrühren.
4. Shrimps und Gurkenstücke untermischen und nochmals abschmecken.
5. Shrimpscocktail auf die Salatblätter verteilen.

Tipp:
Ein Salatblatt in schmale Streifen schneiden und Füllung damit bestreuen.

Blumisotto mit Garnelen

Für 2 Portionen
Pro Portion: 308 kcal / 9,3 g KH / 18,3 g F / 22,1 g P
glutenfrei

500 g Blumenkohl
250 g TK-Spinat
100 ml Sahne
200 g gekochte Garnelen, verzehrfertig

1 EL Öl
Salz, Pfeffer
etwas getrockneter Rosmarin
2-3 EL Wasser

1. Blumenkohl waschen, putzen und im Mixer zu Reisgröße zerkleinern.
2. TK-Spinat klein hacken.
3. Öl in einer Pfanne erhitzen und die Blumenkohlraspel kurz darin schwenken.
4. Mit Sahne ablöschen und den Spinat hinzugeben. Alles gut durchrühren und kurz aufkochen.
5. Mit Salz, Pfeffer und Rosmarin abschmecken. Gegebenenfalls etwas Wasser hinzugeben.
6. Herd auf mittlere Stufe stellen und Garnelen in die Pfanne geben. Bei geschlossenem Deckel weitere 5–7 Minuten köcheln lassen.
7. Zum Schluss noch mal abschmecken und servieren.

Tipp:
Beim Servieren etwas Parmesan dazugeben.

MIT HÄHNCHEN

Mit Spinat und Mozzarella gefüllte Putenröllchen

Für 4 Portionen
Pro Portion: 327 kcal / 15,8 g F / 2,8 g KH / 43,1 g P
glutenfrei

6 Putenschnitzel
500 g Spinat, frisch oder TK, aufgetaut
1 Kugel Mozzarella (ca. 125 g)

Salz, Pfeffer
1 EL Öl
1-2 EL Wasser
Zahnstocher oder Holzspieße

1. Putenschnitzel waschen, mit Küchenpapier trocken tupfen und mit Salz und Pfeffer würzen.

2. Spinat waschen, verlesen, abtropfen lassen und hacken.

3. Gehackten Spinat auf den gewürzten Putenschnitzeln verteilen.

4. Mozzarella in dünne Scheiben schneiden und auf die mit Spinat belegten Putenschnitzel legen.

5. Die Putenschnitzel fest zusammenrollen und mit Zahnstochern fixieren.

6. Öl in die Pfanne geben und die Putenröllchen von allen Seiten gut anbraten. Bei mittlerer Hitze und geschlossenem Deckel 6–8 Min. garen. Evtl. 1–2 EL Wasser in die Pfanne geben, damit die Röllchen nicht anbrennen.

Hähnchen-Bruschetta

Für 2 Portionen
Pro Portion: 350 kcal / 4,7 g KH / 12,6 g F / 53,6 g P
glutenfrei

400 g Hähnchenbrust
1 Zwiebel
2 Tomaten
½ Kugel Mozzarella

Salz, Pfeffer
etwas getrockneter Oregano
1 EL + 1 TL Öl
1 Knoblauchzehe

1. Hähnchenbrust abspülen und mit Küchenpapier trocken tupfen. Mit Salz und Pfeffer würzen.
2. 1 EL Öl in einer Pfanne erhitzen und die Hähnchenbrust darin scharf anbraten und dann bei mittlerer Hitze ca. 10 Minuten durchgaren.
3. In der Zwischenzeit Zwiebel und Knoblauch abziehen, die Tomaten waschen. Alles zusammen in kleine Würfel schneiden. Mit Salz, Pfeffer, etwas Oregano und 1 TL Öl in einer Schüssel vermischen.
4. Sobald die Hähnchenbrust durchgegart ist, die marinierte Tomatenmasse darauf verteilen.
5. Mozzarella in Scheiben schneiden, vierteln und die Hähnchen-Bruschetta damit belegen.
6. Herd ausschalten, evtl. einen Deckel auf die Pfanne geben und alles noch 1–2 Minuten durchziehen lassen.

Tipp:
Mit Oregano bestreut servieren.

Chicken-Nuggets mit Zitronen-Dip

Für 2 Portionen
Pro Portion: 497 kcal / 8,1 g KH / 21 g F / 68,8 g P
glutenfrei

1 Ei
100 g Parmesan, gerieben
50 g gemahlene Mandeln
250 g Hähnchenbrustfilet
250 g Magerquark

Salz, Pfeffer
1 EL Olivenöl
1 EL Zitronensaft
2 EL Mineralwasser (mit Kohlensäure)

1. Ei in einer Schüssel verquirlen.
2. Parmesan und Mandeln in einer zweiten Schüssel vermischen.
3. Hähnchenbrustfilet waschen, mit Küchenpapier trocken tupfen und in grobe Stücke (gewünschte Nuggets-Größe) schneiden.
4. Die Hähnchenstücke salzen und pfeffern. Danach erst in das verquirlte Ei und dann zum Panieren in die Mandel-Parmesan-Mischung tunken.
5. Öl in der Pfanne erhitzen und die Nuggets erst scharf von allen Seiten anbraten und dann 5–6 Minuten bei mittlerer Hitze durchgaren lassen.
6. Währenddessen Quark, Zitronensaft und Mineralwasser in einer Schüssel verrühren und mit Salz und Pfeffer abschmecken.
7. Den Zitronen-Dip zu den gebratenen Nuggets reichen.

Tipp:
Zu den Nuggets passt auch sehr gut Tzatziki oder ein Tomaten-Dip!

MIT FETA, KÄSE UND CO.

Halloumi-Bruschetta

Für 2 Portionen
Pro Portion: 666 kcal / 9,2 g KH / 56,7 g F / 30,5 g P
vegetarisch/glutenfrei

20 g Pinienkerne
250 g Halloumi
20 Cherrytomaten
10 schwarze Oliven, entsteint

3 EL Öl, z. B. Olivenöl
½ Bund frisches Basilikum (oder 2 EL TK-Basilikum)
Salz, Pfeffer

1. Pinienkerne in einer Pfanne ohne Öl rösten.
2. Halloumi in etwa 2 cm dicke Scheiben schneiden und mit ½ EL Öl von allen Seiten bestreichen. In einer Pfanne etwa 5 Minuten von beiden Seiten goldbraun anbraten.
3. Währenddessen Basilikum waschen, trocken schütteln und hacken.
4. Basilikum (1 TL für später aufbewahren) in eine Küchenmaschine geben. Geröstete Pinienkerne und 2 EL Olivenöl hinzufügen und alles zu einem Pesto pürieren.
5. Cherrytomaten waschen, vierteln und in eine kleine Schüssel geben.
6. Oliven halbieren und mit ½ EL Olivenöl sowie dem restlichen Basilikum zu den Tomaten geben. Vermischen und mit Salz und Pfeffer abschmecken.
7. Zum Servieren den gebratenen Halloumi mit Pesto bestreichen und die Tomaten-Oliven-Masse darauf verteilen.

Auberginen-Mozzarella-Röllchen

Für 2 Portionen
Pro Portion: 562 kcal / 10,2 g KH / 37,3 g F / 40 g P
glutenfrei

1 Zwiebel
250 g Hackfleisch
1 Aubergine
1 Kugel Mozzarella (ca. 125 g)
1 Dose stückige Tomaten (ca. 400 g)

1 EL Öl
1 TL Gemüsebrühepulver
Salz, Pfeffer
Zahnstocher oder Holzspieße

1. Zwiebel abziehen und fein hacken.
2. Öl in der Pfanne erhitzen, Zwiebel und Hackfleisch darin anbraten.
3. Währenddessen Auberginen putzen, waschen und längs in feine Scheiben hobeln (ca. 2–3 mm dick).
4. Für jede Auberginenscheibe ein Stück Mozzarella abschneiden.
5. Die Mozzarellastücke in die Auberginenscheiben einrollen und Röllchen mit einem Zahnstocher oder Holzspieß feststecken.
6. Tomaten und Gemüsebrühepulver in die Pfanne zum Fleisch geben und die Auberginenröllchen in die Soße legen. Mit Salz und Pfeffer abschmecken.
7. Röllchen bei mittlerer Hitze am besten mit geschlossenem Deckel ca. 10 Minuten köcheln lassen.

Tipp:
Mit frischem Basilikum garnieren.

LOW-CARB-NUDEL- UND -REISGERICHTE

Konjaknudeln und -reis

Konjaknudeln und -reis (auch Shiratakinudeln oder -reis genannt) werden aus der japanischen Konjakwurzel hergestellt und sind tatsächlich kohlenhydrat-, fett- und fast kalorienfrei – und damit ein echtes Diät- und Low-Carb-Food.

Anders als gewöhnliche Nudeln oder Reis sind Konjak-Lebensmittel in Wasser eingelegt erhältlich – lassen sich aber schneller und einfacher zubereiten als ihre High-Carb-Kollegen. Konjakreis oder -pasta einfach so lange unter fließendem Wasser abspülen, bis der typische (unbedenkliche) Eigengeruch vergangen ist. Danach geht alles blitzschnell: Reis oder Nudeln abseihen und 2 bis 3 Minuten in der gewünschten Soße mitkochen bzw. ziehen lassen. Das verleiht den eigentlich neutralen Konjakprodukten Würze und Geschmack – fertig!

Obwohl bei dieser Zubereitung kaum etwas schiefgehen kann, sollten Reis- und Pastafreunde Folgendes beachten: Konjakprodukte enthalten mehr Wasser als echter Reis bzw. gewöhnliche Pasta. Ihre Konsistenz wird deshalb oft als »glibberig« empfunden. Wer das nicht mag, brät die abgespülten Konjakprodukte einfach für wenige Minuten in einer Pfanne an, bevor er sie für Low-Carb-Reis oder -Nudeln in die Soße gibt. Fertig ist der Low-Carb-Genuss!

Konjakreis mit Currygemüse

Für 1 Portion
Pro Portion: 220 kcal / 16 g KH / 5 g F / 12,8 g P
vegan/glutenfrei

200 g Konjakreis
1 rote Paprika
150 g Champignons
100 g Sojajoghurt
50 g Sprossen, z. B. Mungobohnensprossen, alternativ Kresse

1 EL Öl
1 EL Zitronensaft
½ Bund frische Petersilie (oder 1 EL TK-Petersilie bzw. ½ EL getrocknete Petersilie)
Salz, Pfeffer
1 EL Currypulver
50 ml Wasser

1. Konjakreis laut Packungsangabe zubereiten (durchspülen und abseihen).
2. Paprika waschen, putzen und in Streifen schneiden.
3. Champignons putzen und in Scheiben schneiden.
4. Öl und Zitronensaft in einen Wok oder eine Pfanne geben und Paprika und Champignons darin scharf anbraten.
5. Petersilie waschen, trocken schütteln und hacken.
6. Joghurt in einer Schüssel mit Salz, Pfeffer, Currypulver, Wasser und gehackter Petersilie vermischen.
7. Die Curry-Kräuter-Soße über das Gemüse in der Pfanne gießen und alles bei schwacher Hitze 2 Minuten köcheln lassen.
8. Sprossen und Konjakreis untermischen. Den Herd ausstellen und das Gericht noch 1–2 Minuten durchziehen lassen.

Konjakspaghetti mit Bolognesesoße

Für 2 Portionen
Pro Portion: 418 kcal / 13,4 g KH / 28,2 g F / 28,4 g P
glutenfrei

400 g Konjakspaghetti
1 Zwiebel
250 g Hackfleisch
1 Dose stückige Tomaten (ca. 400 g)

1 EL Öl
1 TL Tomatenmark
1 TL Gemüsebrühepulver
Salz, Pfeffer

1. Konjakspaghetti laut Packungsangabe zubereiten (vorher durchspülen und absseihen).
2. Zwiebel abziehen und in kleine Würfel schneiden.
3. Öl in eine Pfanne geben, Hackfleisch und Zwiebel darin anbraten.
4. Tomaten, Tomatenmark und Gemüsebrühepulver hinzufügen und 8–10 Minuten köcheln lassen. Mit Salz und Pfeffer abschmecken.
5. Die heiße Soße auf die Konjakspaghetti geben. Durch das Vermischen von heißer Soße und nicht erwärmter Konjakpasta hat das Gericht genau die richtige Temperatur zum Verzehr. Man kann die Pasta aber auch in die Pfanne zur Soße geben, den Herd ausstellen und die Pasta noch kurz mit durchziehen lassen.

Tipps:
Mit frischer Petersilie servieren.
Diese Soße schmeckt auch sehr gut zu Gemüsenudeln wie zum Beispiel Zoodles aus Zucchini.

Konjakspaghetti mit Carbonarasoße

Für 2 Portionen
Pro Portion: 443 kcal / 5,7 g KH / 37,3 g F / 18,6 g P
glutenfrei

400 g Konjakspaghetti
1 Zwiebel
150 g gekochter Schinken (oder Speckwürfel)
150 ml Sahne
30 g Parmesan, gerieben

1 EL Öl
Salz, Pfeffer
50 ml Gemüsebrühe (bzw. 50 ml Wasser und
*   entsprechend Gemüsebrühepulver)*
1-2 EL Wasser

1. Konjakspaghetti laut Packungsangabe zubereiten (durchspülen und abseihen).

2. Zwiebel abziehen und in kleine Würfel schneiden.

3. Schinken in kleine Streifen oder Würfel schneiden.

4. Öl in einer Pfanne erhitzen und Zwiebelwürfel und Schinkenstreifen darin andünsten.

5. Mit Sahne ablöschen, Salz, Pfeffer und Gemüsebrühe hinzufügen und alles bei mittlerer Hitze 5–7 Minuten köcheln lassen. Falls die Sahnesoße zu sehr eindickt, noch 1–2 EL Wasser hinzugeben.

6. Herd ausstellen und den Parmesan in die Soße einrühren.

7. Die Konjakspaghetti mit der heißen Soße vermischen. So hat das Gericht die ideale Temperatur zum Verzehr.

Tipps:

Mit frischer Petersilie garnieren.
Diese Soße schmeckt auch sehr gut zu Gemüsenudeln wie etwa Zoodles aus Zucchini.

Gemüsenudeln und -reis

Ob grün, orange oder rot – gesunde und kohlenhydratarme Gemüsepasta liegt nicht nur voll im Trend, sondern lässt sich auch ganz einfach selbst herstellen. Alles, was dafür nötig ist, ist ein Spiralschneider oder Sparschäler, das Lieblingsgemüse – und gleich sind die gesunden Gemüsespaghetti fertig. Und das geht so:

1. Low-Carb-Gemüse auswählen

Angefangen hat der Gemüsenu-deltrend mit den sogenannten Zoodles. Dieses Wort setzt sich aus den englischen Begriffen »zucchi-ni« und »noodles« zusammen und steht für feine Zucchinistreifen, die sich – so wie Spaghetti – mit den verschiedensten Soßen kombinieren und genießen lassen. Auch weit verbreitet ist der Begriff Coodles – aus »carrots« und »noodles«.

Neben Zucchini und Karotten eignen sich auch Rettich, Rote Bete oder jedes andere feste Gemüse, das sich in feine Streifen schneiden lässt, als Gemüsepasta.

2. Gemüsenudeln zubereiten

Ist das Lieblingsgemüse einmal ausgewählt, geht die Zubereitung der Low-Carb-Nudeln rasend schnell. Das Lieblingsgemüse einfach mit einem Spiralschneider in Spaghettiform bringen und wenige Minuten in der warmen Pastasoße ziehen lassen. So bleibt die Gemüsepasta lecker knackig und »al dente«. Wer seine Gemüsepasta etwas weicher mag, kann sie allerdings zuvor auch zwei Minuten in kochendes Wasser geben.

Übrigens: Wer keinen Spiralschneider hat, benutzt einfach einen Sparschäler, um das Gemüse in Form zu bringen (Bandnudelform).

Gemüsenudeln mit Schinken-Frischkäse-Soße

Für 1 Portion
Pro Portion: 457 kcal / 18,2 g KH / 27,7 g F / 31,4 g P
glutenfrei

400 g Zucchini
50 g Karotten
50 g Schinkenwürfel (gekochter Schinken oder Bauchspeck)
100 g Paprikafrischkäse (oder Frischkäse mit 1 TL Paprikapulver vermischen)
10 g Parmesan, gehobelt

1 EL Öl, z. B. Olivenöl
1 EL italienische TK-Kräuter (oder ½ EL getrocknet)
Salz, Pfeffer

1. Zucchini und Karotten putzen, schälen und mit einem Spiralschneider in Nudelform schneiden.

2. Öl in einer Pfanne erhitzen und die Schinkenwürfel darin anbraten.

3. Karotten- und Zucchininudeln in die Pfanne geben, mit Kräutern, Salz und Pfeffer würzen und 5 Minuten kräftig anbraten.

4. Paprikafrischkäse unter die Gemüsenudeln mischen und 2 Minuten erwärmen.

5. Nudeln mit Salz und Pfeffer abschmecken.

6. Auf einem Teller anrichten und mit gehobeltem Parmesan servieren.

Tipp:

Wer die Gemüsenudeln nicht so bissfest mag, kann sie auch etwas länger andünsten oder vorher kurz blanchieren. Dazu 400 ml Gemüsebrühe in einem Topf zum Kochen bringen und die Gemüsenudeln 3–5 Minuten darin köcheln lassen – abseihen, fertig.

Chili-Avocado-Zoodles

Für 1 Portion
Pro Portion: 344 kcal / 12,1 g KH / 25,1 g F / 16,5 g P
vegetarisch/glutenfrei

....

1 mittelgroße Zucchini

85 g Cocktailtomaten

75 g Avocado

25 g Parmesan, gerieben

10 g Pinienkerne

3 Stängel Basilikum (oder 1 TL TK-Basilikum bzw. ½ TL getrocknetes Basilikum)

½ Knoblauchzehe

½ TL Chiliflocken

1-2 EL Wasser

Salz, Pfeffer

....

1. Zucchini putzen, waschen und mithilfe eines Spiralschneiders zu Gemüsenudeln schneiden.
2. Cocktailtomaten waschen und in Scheiben schneiden.
3. Basilikum waschen, trocken schütteln und Blätter abzupfen.
4. Knoblauchzehe abziehen, fein hacken.
5. Avocado halbieren, entkernen und das Fruchtfleisch mit den Basilikumblättern, dem Knoblauch, Chiliflocken, Parmesan, Pinienkernen und dem Wasser pürieren. Mit Salz und Pfeffer abschmecken.
6. Zoodles mit der Avocado-Chili-Creme vermischen und mit den Tomatenscheiben garnieren.

Tipp:

Man kann das Gericht auch warm essen, dazu einfach 3–5 Minuten in einer Pfanne erwärmen.

Gebratener Blumenkohlreis mit Gemüse

Für 4 Portionen
Pro Portion: 304 kcal / 14,7 g KH / 18,9 g F / 14,1 g P
vegetarisch/glutenfrei

2 Paprika
1 Bund Lauchzwiebeln
1 kg Blumenkohl
4 Eier

50 ml Öl, z. B. Kokosöl
Salz, Cayennepfeffer
Knoblauchflocken

1. Paprika waschen, putzen und in kleine Würfel schneiden.

2. Lauchzwiebeln waschen, putzen und in dünne Ringe schneiden.

3. Etwa 25 ml Öl in einer Pfanne erhitzen, 2 EL Lauchzwiebelringe darin goldbraun andünsten.

4. Blumenkohl waschen, trocken schütteln und mithilfe einer Küchenmaschine zu Reisgröße zerkleinern.

5. Den Blumenkohlreis in die Pfanne geben und anbraten. Dann die Paprikastücke sowie die restlichen Lauchzwiebelringe unterheben.

6. Die Eier in einer Schüssel verquirlen, mit Salz, Cayennepfeffer und Knoblauchflocken würzen. Anschließend in die Pfanne geben und immer wieder umrühren, bis die Masse krümelig wird.

7. Zum Schluss mit dem restlichen Öl beträufeln und nochmals abschmecken.

SPIESSE

Puten-Feta-Spieße

Für 2 Portionen
Pro Portion: 423 kcal / 7,4 g KH / 21 g F / 50 g P
glutenfrei

....

150 g Putenbrust
150 g Feta (oder Schafskäse)
1 Zucchini
1 Paprika (gelb oder rot)
8 Cherrytomaten

1 EL Öl
Holzspieße

....

1. Putenbrust abwaschen, mit Küchenpapier trocken tupfen und ebenso wie
   den Feta in grobe Würfel schneiden.
2. Gemüse waschen, putzen und abtrocknen.
3. Zucchini und Paprika in passende Stücke schneiden.
4. Alle Zutaten abwechselnd auf Holzspieße stecken.
5. Öl in eine Pfanne geben und die Spieße darin 8–10 Minuten braten.

Tipp:
Mit Dip nach Wahl z.B. Paprika-Quark-Dip (S. 68) servieren.

Tofu-Gemüse-Spieße mit Paprika-Quark-Dip

Für 2 Portionen
Pro Portion: 360 kcal / 16 g KH / 18,2 g F / 28,2 g P
vegetarisch/glutenfrei

1 Packung Tofu (200 g)
2 Paprika (rot, gelb)
1 Zucchini
1 rote Zwiebel
125 g Magerquark

1 EL Sojasoße
1 EL Öl, z. B. Olivenöl
1 EL Mineralwasser oder Wasser
1 TL Rosenpaprikapulver edelsüß
1 Prise scharfes Paprikapulver (optional)
Salz, Pfeffer
Holzspieße

1. Tofu in grobe Würfel schneiden. Zusammen mit der Sojasoße in eine Schüssel geben und vermischen.
2. Gemüse waschen, putzen und abtrocknen. Paprika in Stücke und Zucchini in dicke Scheiben schneiden.
3. Zwiebel abziehen, in Viertel schneiden und die einzelnen Zwiebelschichten auseinanderzupfen.
4. Tofu und Gemüse abwechselnd auf Holzspieße stecken.
5. Öl in eine Pfanne geben und die Spieße darin 8–10 Minuten braten.
6. Währenddessen Magerquark in einer Schüssel mit Wasser aufrühren.
7. Mit Paprikapulver, Salz und Pfeffer würzen.
8. Die fertigen Spieße mit dem Paprika-Quark-Dip servieren.

Tipp:
Spieße nach Lust und Laune variieren und würzen.

BURGER UND SANDWICH

Schinken-Zucchini-»Baguette«

Für 2 Portionen
Pro Portion: 398 kcal / 8,1 g KH / 27,6 g F / 30,1 g P
glutenfrei

....

1 mittelgroße Zucchini
200 g Frischkäse
200 g Magerquark
300 g gekochter Schinken

1 TL mittelscharfer Senf
Salz, Pfeffer

....

1. Zucchini waschen, putzen und längs in 4 ca. 1 cm dicke Scheiben schneiden.
2. Frischkäse, Quark und Senf in einer Schüssel verrühren und mit Salz und Pfeffer abschmecken.
3. Mit diesem Dip die 4 Zucchini- scheiben bestreichen.
4. Den Schinken zuschneiden und auf 2 bestrichene Zucchinischeiben verteilen.
5. Die restlichen Zucchinischeiben als »Deckel« mit der bestrichenen Sei- te nach unten aufsetzen.

Tipp:
Mit frischem Basilikum servieren bzw. gehackte Petersilie oder Basilikum in den Dip einrühren oder gleich Kräu- terfrischkäse verwenden.

Frikadellenburger mit Tomate und Mozzarella

Für 2 Portionen
Pro Portion: 566 kcal / 4,4 g KH / 39,3 g F / 45,3 g P
glutenfrei

250 g Hackfleisch
1 Ei
2 Tomaten
1 Kugel Mozzarella (ca. 125 g)
100 g Frischkäse (fettreduziert)

Salz, Pfeffer
1 EL Öl, z.B. Olivenöl
15 g Tomatenmark
1 EL italienische Kräuter (TK oder 1 TL getrocknet)
Zahnstocher oder Holzspieße

1. Hackfleisch in eine Schüssel geben und mit Salz und Pfeffer würzen.
2. Ei dazugeben und mit den Händen gut verkneten. Aus der Masse 4 Frikadellen formen.
3. Öl in einer Pfanne erhitzen und Frikadellen darin 10 Minuten durchbraten.
4. In der Zwischenzeit Tomaten waschen und abtrocknen, Mozzarella abtropfen lassen und beides in Scheiben schneiden.
5. Frischkäse in einer Schüssel mit Tomatenmark und den Kräutern mischen.
6. Frikadellen aus der Pfanne nehmen und quer halbieren.
7. 4 Frikadellenhälften mit dem Tomatenfrischkäse bestreichen. Danach mit Tomaten- und Mozzarellascheiben belegen und die restlichen Frikadellenhälften als Deckel obenauf setzen.
8. Zur Befestigung jeweils 1 Holzstäbchen in einen Frikadellenburger stecken.

Tipp:
Mit frischen Basilikumblättern servieren.

Rote-Bete-Zucchini-Türmchen

Für 2 Portionen
Pro Portion: 413 kcal / 17g KH / 27,3 g F / 20,5 g P
vegetarisch/glutenfrei

300 g Zucchini
300 g gekochte Rote Bete (vakuumiert)
1 Avocado
200 g Hüttenkäse

2 EL Zitronensaft
Salz, Pfeffer
1 EL Olivenöl

1. Zucchini waschen und in 12 etwa 7 mm dicke Scheiben schneiden.
2. Rote Bete in 12 ebenso große Scheiben schneiden.
3. Avocado halbieren, den Kern entfernen und das Fruchtfleisch mit einem Löffel herausnehmen.
4. Aus Avocadofruchtfleisch, Hüttenkäse und Zitronensaft in einem Mixer oder mit dem Pürierstab eine Creme mixen. Mit Salz und Pfeffer abschmecken.
5. Olivenöl in einer Pfanne erhitzen. Zucchinischeiben darin von beiden Seiten goldbraun anbraten, dann salzen und pfeffern.
6. Gemüse und Avocadocreme zu 6 Türmchen schichten, dabei Zucchini, Creme und Rote Bete abwechselnd übereinander platzieren.

Tipp:
Mit gehackter Petersilie servieren.

Avocadoburger

Für 2 Portionen
Pro Portion: 418 kcal / 10,7 g KH / 35,3 g F / 10,2 g P
vegetarisch/glutenfrei

2 Avocados
1 Tomate
¼ Gurke
100 g Naturjoghurt
30 g Sprossen, z. B. Mungobohnensprossen (optional)

3 Stängel frisches Basilikum (oder 1 TL TK-Basilikum
 bzw. ¼ TL getrocknetes Basilikum)
Salz, Pfeffer
2 EL schwarzer Sesam (oder weißer Sesam)

1. Avocados halbieren, den Kern entfernen und die Avocados schälen.
2. Tomate und Gurke waschen, abtrocknen und in dünne Scheiben schneiden.
3. Basilikum waschen, trocken schütteln, hacken und in einer Schüssel mit dem Naturjoghurt, Salz und Pfeffer vermischen.
4. Sesam in eine zweite Schüssel geben und die zwei Avocadohälften darin wälzen, die später als »Burger-Deckel« verwendet werden.
5. Die zwei Avocadohälften ohne Sesam mit dem Joghurt-Dip bestreichen und danach mit den Tomaten- und Gurkenscheiben sowie nach Belieben mit den Sprossen belegen. Noch etwas von dem Dip daraufgeben und die Avocadohälften mit Sesam aufsetzen.
6. Den restlichen Dip dazu servieren.

PIZZA UND PICCOLINIS

Auberginen-Parmesan-Piccolinis

Für 2 Portionen
Pro Portion: 387 kcal / 8,8 g KH / 26,6 g F / 29,2 g P
vegetarisch/glutenfrei

2 Auberginen
10 Cherrytomaten
150 g Parmesan

1 EL Öl
Salz, Pfeffer

1. Backofen auf 180 °C Umluft vorheizen.
2. Auberginen waschen, putzen, abtrocknen und in dünne Scheiben schneiden.
3. Auf einem mit Backpapier ausgelegten Backblech verteilen. Die Auberginenscheiben mit Olivenöl bepinseln, salzen und pfeffern.
4. Tomaten waschen, abtrocknen und in Scheiben schneiden. Die Tomatenscheiben auf die Auberginenscheiben legen.
5. Parmesan reiben und über die Piccolinis streuen.
6. Blech mit den Piccolinis in den Ofen schieben und diese ca. 10 Minuten backen.

Omelett-Pfannenpizza

Für 2 Portionen
Pro Portion: 388 kcal / 7,3 g KH / 22,3 g F / 38,7 g P
glutenfrei

4 Eier
50 g Mozzarella, geraspelt
200 g gekochter Schinken, in Scheiben
2 Tomaten

Salz, Pfeffer
1 EL Öl
2 EL Tomatenmark
1 EL getrockneter Oregano

1. Eier in einer Schüssel verquirlen.
2. Mozzarella zu den Eiern geben, mit Salz und Pfeffer würzen und gut vermischen.
3. ½ EL Öl in einer Pfanne erhitzen und die Hälfte der Ei-Mozzarella-Masse in der Pfanne herausbacken.
4. Tomatenmark in einer Schüssel mit Oregano verrühren, mit Salz und Pfeffer würzen.
5. Die Hälfte der Tomaten-Oregano-Soße auf dem Omelett-Pizzaboden aufstreichen und mit 100 g Schinken belegen. Kurz durchziehen lassen und auf einen Teller geben.
6. Den Vorgang wiederholen und eine weitere Pfannenpizza herausbacken.
7. Tomaten waschen und in Scheiben schneiden. Die beiden Pfannenpizzen damit belegen.

Tipp:
Mit Oregano bestreut servieren.

EIERLEI

Tomaten-Eier-Muffins

Für 1 Portion
Pro Portion: 340 kcal / 6,8 g KH / 21,3 g F / 30,6 g P
vegetarisch/glutenfrei

3 Eier
6 Kirschtomaten
30 g Zucchini
3 EL Gouda, gerieben

Salz, Pfeffer
Paprikapulver
getrockneter Oregano
etwas Fett für die Formen

1. Backofen auf 180 °C Umluft vorheizen.
2. Eier und Gewürze in eine Schüssel geben und mit einer Gabel aufschlagen.
3. Gemüse waschen, putzen, abtrocknen und in kleine Stücke schneiden.
4. Gemüsestücke und Käse zu der Eiermasse geben und gut vermischen.
5. Die Masse in gefettete Muffinförmchen (am besten eignen sich Silikonformen) füllen und 10–12 Minuten im Ofen zu goldbraunen Muffins backen.

Tipp:
Wer lieber die Mikrowelle verwendet, kann die Muffins 3–5 Minuten bei 800 Watt in der Mikrowelle backen.

Senfeier mit Blumenkohlreis

Für 2 Portionen
Pro Portion: 340 kcal / 6,8 g KH / 21,3 g F / 30,6 g P
vegetarisch/glutenfrei

4 Eier
1 Blumenkohl (ca. 500 g)
200 ml Sahne

Salz
1 EL Butter (oder Öl)
½ TL Guarkern- oder Johannisbrotkernmehl zur Bindung
  (oder 1 TL Mandelmehl oder Parmesanraspel)
3 EL mittelscharfer Senf
100 ml Gemüsebrühe (bzw. 100 ml Wasser und entsprechend Gemüsebrühepulver)
Pfeffer
weitere Gewürze nach Wahl

1. Eier hart kochen (je nach Größe 8–10 Minuten).
2. Währenddessen Blumenkohl waschen, trocken tupfen, in Röschen teilen und mit der Küchenmaschine zu Reisgröße zerkleinern. In einem Topf mit Salzwasser in 6 Minuten bissfest garen (oder in der Mikrowelle bei 800 Watt 5–8 Minuten garen bzw. in einer Pfanne mit etwas Butter anbraten).
3. Butter in einem kleinen Topf erhitzen, das Guarkernmehl hinzugeben und gut verrühren, damit keine Klümpchen entstehen.
4. Anschließend den Topf von der heißen Herdplatte nehmen und Senf, Sahne und Gemüsebrühe hinzugeben.
5. Die Senfsoße kurz aufkochen lassen und dabei stets umrühren. Nach Geschmack würzen.
6. Die Eier abschrecken, von der Schale befreien und zusammen mit der Soße und dem Blumenkohlreis servieren.

Gefülltes Omelett

Für 2 Portionen
Pro Portion: 296 kcal / 10,7 g KH / 11,1 g F / 30,1 g P
glutenfrei

250 g Champignons aus der Dose
6 Eier
1 Avocado
100 g Feta

1 ½ EL Öl
2 EL Wasser (mit Kohlensäure)
Salz, Pfeffer

1. Champignons in einem Sieb abtropfen lassen.
2. ½ EL Öl in eine Pfanne geben und die Champignons darin 5 Minuten scharf anbraten. Kurz beiseitelegen.
3. Eier in einer Schüssel mit Wasser, Salz und Pfeffer verquirlen.
4. Nochmals ½ EL Öl in die Pfanne geben und die Hälfte der Eiermasse in der Pfanne verteilen und stocken lassen.
5. Währenddessen Avocado halbieren, entkernen, Fruchtfleisch mit einem Löffel aus der Schale lösen und in Stücke schneiden.
6. Nach dem Anbraten auf einer Seite das Omelett wenden und fertig garen.
7. Omelett mit der Hälfte der Avocadowürfel, Champignons und Fetastückchen (Feta einfach darüberbröseln) belegen und eine Seite einklappen. Auf einen Teller geben.
8. Den Vorgang wiederholen und ein weiteres gefülltes Omelett fertigstellen.

Zucchini-Frittata

Für 4 Portionen
Pro Portion: 440 kcal / 9,9 g KH / 32,3 g F / 27,4 g P
vegetarisch/glutenfrei

1 kg Zucchini
8 Eier
200 g Schmand
200 g Feta

Salz, Pfeffer
½ Bund frische Petersilie (oder 2 EL TK-
Petersilie bzw. 1 EL getrocknete Petersilie)

1. Ofen auf 180 °C Umluft vorheizen.
2. Zucchini waschen, putzen, abtrocknen und raspeln.
3. Eine ofenfeste Pfanne erhitzen und die Zucchiniraspel (ohne Öl) darin dünsten.
4. Eier in einer Schüssel mit dem Schmand verquirlen, mit Salz und Pfeffer würzen.
5. Petersilie waschen, trocken schütteln, hacken und zur Eiermasse geben.
6. Das Eigemisch zu den Zucchiniraspeln in die Pfanne schütten und stocken lassen.
7. Den Feta darüberbröseln.
8. Die Pfanne 5–8 Minuten in den vorgeheizten Backofen stellen, bis auch die obere Schicht stockt. (Falls man keine ofenfeste Pfanne besitzt, kann man die Frittata auch vorsichtig in der Pfanne wenden und durchgaren. Dazu am besten mit einem Pfannenwender in Viertel teilen und diese Viertel dann wenden.)
9. Frittata aus dem Ofen holen, in Stücke schneiden und genießen.

Tipp:
Schmeckt auch kalt sehr gut.

SÜSSSPEISEN

Pfannkuchen

Für 2 Portionen
Pro Portion: 590 kcal / 14,4 g KH / 47,3 g F / 35 g P
vegetarisch/glutenfrei

....

75 g Mandelmehl
5 Eier
160 g Frischkäse

1 TL Zimt (optional)
40 g Erythrit (oder Süßungsmittel nach Wahl)
2 EL Öl, z. B. Kokosöl

....

1. Mandelmehl, Eier, Frischkäse, Zimt und Erythrit in einer Schüssel zu einem homogenen Teig mischen.
2. ½ EL Kokosöl in einer Pfanne erhitzen. 2 EL Teig in die Pfanne geben, zu einem Pfannkuchen verlaufen lassen, braten und wenden, sobald der Pfannkuchen in der Mitte Bläschen wirft.
3. Vorgang wiederholen, bis der Teig aufgebraucht ist, dabei immer wieder Kokosöl in die Pfanne geben, wenn es aufgebraucht ist.

Kaiserschmarrn

Für 2 Portionen
Pro Portion: 325 kcal / 8,7 g KH / 20,2 g F / 18,4 g P
vegetarisch/glutenfrei

3 Eier
60 g Kokosmehl
20 g Goldleinsamenmehl
50 g Mandelmilch

Salz
30-40 g Erythrit (besser Puder-Erythrit, siehe Tipp S. 89)
1 EL Butter (oder Öl) zum Herausbacken

1. Eier trennen. Das Eiweiß in einer Schüssel mit einer Prise Salz steif schlagen und beiseitestellen.
2. Eigelb, Kokosmehl, Goldleinsamenmehl, Mandelmilch und Erythrit in einer zweiten Schüssel verrühren. Bei Bedarf noch etwas Erythrit hinzufügen für mehr Süße und/oder etwas Mandelmilch für eine cremige Konsistenz.
3. Butter in einer Pfanne erhitzen.
4. Eiweiß vorsichtig unter den Teig heben und Teig dann in die Pfanne füllen.
5. Kurz stocken lassen, in Viertel teilen und umdrehen. Danach in kleinere Stücke reißen.

Tipp:
Mit Puder-Erythrit bestreuen. Dazu schmecken frische Beeren oder Beerenpüree.

Süßes Blumenkohl-Porridge

Für 1 Portion
Pro Portion: 166 kcal / 7,6 g KH / 6,1 g F / 13,8 g P
vegetarisch/glutenfrei

200 g Blumenkohl
10 g Chiasamen
200 ml Pflanzenmilch, z. B. Mandelmilch
15 g Vanille-Eiweißpulver (oder 1 Msp. Vanillepulver, optional)
50 g Magerquark

20 g Erythrit (1 EL mehr, wenn das Eiweißpulver weggelassen wird)
½ TL Zimt + etwas als Topping

1. Blumenkohl waschen, putzen, trocken tupfen, in Röschen teilen und mit der Küchenmaschine zu Reisgröße zerkleinern.

2. Blumenkohlreis mit den Chiasamen, Pflanzenmilch, evtl. Vanille-Eiweißpulver, Erythrit und Zimt in einen Topf geben und ca. 10 Minuten bei mittlerer Hitze köcheln lassen. Dabei immer wieder umrühren.

3. Topf vom Herd nehmen und Masse 2–3 Minuten quellen lassen. Durch die Chiasamen dickt die Masse noch etwas ein.

4. Den Quark unterrühren, nach Belieben noch etwas nachsüßen und mit Zimt bestreuen.

Tipp:

Mit Beeren, Nüssen oder gehobelten Mandeln bestreuen.

Schokowaffeln

Für 4 Portionen
Pro Portion: 462 kcal / 6,7 g KH / 32,6 g F / 29,9 g P
vegetarisch/glutenfrei

100 g Butter (weich)
4 Eier
5-6 EL Mandelmilch
200 g Mandelmehl

50 g Erythrit (besser Puder-Erythrit, siehe Tipp S. 89)
1 TL Backpulver
1 EL Kakaopulver, entölt
½ Fläschchen Rumaroma (optional)
1 EL Öl für das Waffeleisen

1. Waffeleisen aufheizen.
2. Butter, Eier und 5 EL Mandelmilch in einer Schüssel mit dem Rührbesen aufschlagen.
3. Mandelmehl, Erythrit, Backpulver, Kakaopulver und evtl. Rumaroma hinzufügen und verrühren. Bei Bedarf noch etwas Erythrit hinzufügen für mehr Süße und/oder etwas Mandelmilch für eine cremige Konsistenz.
4. Waffeleisen gut mit Öl einpinseln.
5. 2 EL Teig in das Waffeleisen geben und auf voller Stufe ausbacken.
6. Vorgang so lange wiederholen, bis der Teig aufgebraucht ist. Das Waffeleisen nach jeder Waffel wieder mit Öl einpinseln.

Tipps:

Mit Puder-Erythrit bestreuen und nach Geschmack mit Beeren oder Beerenpüree servieren.

Puder-Erythrit lässt sich ganz einfach selbst herstellen, wenn man einen Hochleistungsmixer zu Hause hat. Einfach kurz auf hoher Stufe pulverisieren.

Die Waffeln am besten sofort verzehren, da sie sonst sehr schnell austrocknen.

Low-Carb-Waffelteig ist meist etwas klebriger als herkömmlicher Waffelteig, darum kann es vorkommen, dass man die Waffel nicht so gut aus dem Waffeleisen herausbekommt. Eventuell mit einem Holzstäbchen nachhelfen und die Waffel damit an mehreren Stellen vorsichtig etwas anheben.

Alternativ kann man die Waffeln auch in einer Silikon-Waffelbackform in der Mikrowelle oder im Ofen backen.

Hüttenkäse-»Milchreis« mit Erdbeersoße

Für 1 Portion
Pro Portion: 295 kcal / 9,8 g KH / 18,3 g F / 21,9 g P
vegetarisch/glutenfrei

200 g Hüttenkäse
100 g Erdbeeren

1 TL Wasser (oder Mandelmilch)
Zimt (optional)
10 g Erythrit oder Xylit (optional; wenn die Früchte sehr süß sind, ist kein Süßungs-
*   mittel mehr nötig)*

1. Hüttenkäse in einer Schüssel mit Wasser und evtl. etwas Zimt verrühren.

2. Erdbeeren waschen, putzen, trocken tupfen und zusammen mit dem Süßungsmittel (falls gewünscht) in einem Mixer oder mit dem Pürierstab pürieren (evtl.
   1–2 Erdbeeren zum Garnieren auf die Seite legen).

3. Das Erdbeerpüree in einem Topf 3–5 Minuten erwärmen und über den Hütten-
   käse-»Milchreis« geben.

4. Evtl. mit den restlichen Erdbeeren garniert servieren.

BRÖTCHEN UND CRACKER

Leinsamen-Cracker

Für 4 Portionen
Pro Portion: 137 kcal / 0,3 g KH / 9 g F / 8,9 g P
vegetarisch / glutenfrei

....

100 g Leinsamen (oder 50 g ganze und 50 g gemahlene Leinsamen)
1 Ei

Salz
50 ml Wasser

....

1. Backofen auf 180 °C Umluft vorheizen.
2. Die Hälfte der Leinsamen grob zermahlen.
3. Die gemahlenen Leinsamen in einer Schüssel mit den restlichen Zutaten vermischen und 1 Minute quellen lassen.
4. Die Masse sehr dünn auf ein mit Backpapier ausgelegtes Backblech streichen.
5. Blech in den Ofen schieben und Teig ca. 10–12 Minuten backen.
6. Nach der Hälfte der Zeit Blech aus dem Ofen holen, Teig in beliebig große Stücke schneiden, wenden und Blech wieder in den Backofen geben. Cracker weiterbacken, bis sie schön knusprig sind.

Tipp:

Nach Wunsch mit Low-Carb-Lebensmitteln belegen oder bestreichen, zum Beispiel Schinken, Salami, Tomaten, Käse, Frischkäse, Kräuterquark etc.

Schnelle Brötchen

Für 3 kleine Brötchen
Pro Brötchen: 285 kcal / 1,2 g KH / 24,3 g F / 15,3 g P
vegetarisch/glutenfrei

8 EL Leinsamenmehl
2 Eier
60 g Butter (flüssig)
10 g Leinsamen (oder andere Saaten wie Sesam, Chia etc.)

1 TL Backpulver
1 TL Salz

1. Backofen auf 180 °C Umluft vorheizen.
2. Leinsamenmehl in einer Schüssel mit Salz und Backpulver vermischen.
3. Eier und Butter hinzufügen und gut vermengen. Teig auf 3 Muffinformen aus Silikon verteilen.
4. Die Leinsamen auf die Masse aufstreuen und etwas andrücken.
5. Brötchen 10–12 Minuten im Ofen backen.

Tipps:
Schmecken am besten frisch zubereitet!
Die Brötchen kann man auch in mikrowellenfesten Schälchen oder Tassen 3–5 Minuten bei 800 Watt in der Mikrowelle backen.
Brötchen nach Wunsch mit Low-Carb-Lebensmitteln belegen oder bestreichen, zum Beispiel Schinken, Salami, Tomaten, Käse, Frischkäse, Kräuterquark etc.

Danksagung

Männer an den Herd! Egal ob vegan oder vegetarisch, süß oder herzhaft – **Christopher**, auch bekannt als **@fussal93** auf Instagram, liebt es, in der Küche mit seinen Zutaten zu experimentieren und seine Kreationen schmackhaft in Szene zu setzen. Sein Motto: Genuss kann auch ganz einfach sein!

Diana vom Blog **www.schwarzgrueneszebra.de** teilt auf ihrer Seite jede Woche leckere Low-Carb-Gerichte. Nicht nur schnelle Gerichte für jeden Tag, sondern auch Außergewöhnliches für die besonderen Momente oder den süßen Zahn. Ihr Motto lautet: Geht nicht gibt's nicht!

Katharina – schnelle, gesunde Fitnessküche für jedermann. Leckereien können gesund sein und ausgewogen kochen geht auch in der Mikrowelle. Wie? Das zeigt Katharina auf ihrem Fitness-Account bei Instagram: **@squatsandpeanuts**.

Mandy zeigt auf ihrem Instagram-Account **@mia.mirabelle** einfache Rezepte, die leicht umzusetzen und auch noch gesund sind. Hier ist von Low Carb, Low Fat bis hin zu vegetarisch und vegan von allem etwas dabei. Zudem werden alle Back- und Kochwerke liebevoll in Szene gesetzt, sodass die Fotos schon Lust aufs Backen bzw. Kochen machen.

Marisa von Marisa's Table zeigt auf ihrem Blog www.marisastable.com und ihrem Instagram-Account **@marisastable**, wie man sich auch mit Lebensmittelintoleranzen und Allergien den Alltag versüßen kann. Mit farbenfrohen Bildern, leckeren Rezepten und ganz viel Leidenschaft präsentiert sie wöchentlich ihre liebsten Gerichte und Tipps rund ums Essen!

Sich gesund und ausgewogen zu ernähren kann so einfach sein! Wie man simple, aber dennoch leckere Gerichte ganz leicht in den Alltag integrieren kann, zeigt Vanessa F. auf ihrem Instagram-Account **@vanvanblabla**.

Über die Autorin

Veronika Pichl, Jahrgang 1980, ist erfolgreiche Buchautorin zu den Themen Abnehmen, Ernährung, Bewegung und Glücklichsein. Sie entwickelt Ratgeber für den riva Verlag und den von ihr selbst gegründeten Happy Fit Food Verlag (www.happyfitfood.de). Sie lebt mit ihrem Mann und ihren beiden Kindern im Nürnberger Land.

Im riva Verlag sind bereits folgende Titel erschienen: *Chia for fit, Quinoa for fit, Eiweiß for fit, Essen mit Liebe, Klassiker Low-Carb, Ich liebe Kaffee, Porridge – mehr als nur Frühstück, Süßes und Desserts Low-Carb* (auch in einer Variante für den Thermomix®), *One Pot Low-Carb und Meal Prep – Gesunde Mahlzeiten vorbereiten, mitnehmen und Zeit sparen.*

Bild- und Rezeptnachweis

S. 19: Brokkoli-Garnelen-Suppe (Rezept + Foto): Vanessa Faschingbauer, #vanvanblabla

S. 22: Zucchinisalat mit Schafskäse, Oliven und Pinienkernen (Rezept): Katharina Clören, #squatsandpeanuts

S. 23: Avocado-Garnelen-Salat (Rezept): Katharina Clören, #squatsandpeanuts

S. 27: Curry-Kokos-Pfanne (Rezept + Foto): Vanessa Faschingbauer, #vanvanblabla

S. 28–29: Gebackener Curryblumenkohl (Rezept + Foto): Miriam Matin

S. 30: Weiße-Bohnen-Räuchertofu-Pfanne (Rezept + Foto): Miriam Matin

S. 31: Deftige Zucchini-Pancakes mit Joghurt-Dip (Rezept): Vanessa Faschingbauer, #vanvanblabla

S. 35: Bifteki (Rezept + Foto): Diana Ruchser, schwarzgrueneszebra.de

S. 46: Lachsfilet mit Avocado-Erbsen-Püree (Rezept): Katharina Clören, #squatsandpeanuts

S. 50: Blumisotto mit Garnelen (Rezept + Foto): Diana Ruchser, schwarzgrueneszebra.de

S. 51: Mit Spinat und Mozzarella gefüllte Putenröllchen (Rezept + Foto): Diana Ruchser, schwarzgrueneszebra.de

S. 52–53: Hähnchen-Bruschetta (Rezept + Foto): Mandy Brünig, #mia.mirabelle

S. 55: Halloumi-Bruschetta (Rezept + Foto): Miriam Matin

S. 58–59: Konjakreis mit Currygemüse (Rezept + Foto): Christopher Breitfuß, #fussal93

S. 63: Gemüsenudeln mit Schinken-Frischkäse-Soße (Rezept + Foto): Marisa Böckler, #marisastable

S. 64: Chili-Avocado-Zoodles (Rezept + Foto): Vanessa Faschingbauer, #vanvanblabla

S. 66: Gebratener Blumenkohlreis mit Gemüse (Rezept + Foto): Diana Ruchser, schwarzgrueneszebra.de

S. 70–71: Frikadellenburger mit Tomate und Mozzarella (Rezept + Foto): Marisa Böckler, #marisastable

S. 72–73: Rote-Bete-Zucchini-Türmchen (Rezept + Foto): Miriam Matin

S. 74: Avocadoburger (Rezept + Foto): Christopher Breitfuß, #fussal93

S. 77: Tomaten-Eier-Muffins (Rezept): Katharina Clören, #squatsandpeanuts

S. 78–79: Senfeier mit Blumenkohlreis (Rezept + Foto): Mandy Brünig, #mia.mirabelle

S. 82: Zucchini-Frittata (Rezept + Foto): Diana Ruchser, schwarzgrueneszebra.de

S. 83: Pfannkuchen (Rezept): Katharina Clören, #squatsandpeanuts

S. 86: Süßes Blumenkohl-Porridge (Rezept): Katharina Clören, #squatsandpeanuts

S. 91: Leinsamen-Cracker (Rezept + Foto): Diana Ruchser, schwarzgrueneszebra.de

S. 92: Schnelle Brötchen (Rezept): Katharina Clören, #squatsandpeanuts